Christoph Dohmen
Franz Mußner

NUR DIE HALBE WAHRHEIT?

Christoph Dohmen
Franz Mußner

NUR DIE HALBE WAHRHEIT?

Für die Einheit der ganzen Bibel

Herder
Freiburg · Basel · Wien

Die Deutsche Bibliothek – CIP-Einheitsaufnahme

Dohmen, Christoph:
Nur die halbe Wahrheit? : Für die Einheit der ganzen Bibel /
Christoph Dohmen ; Franz Mußner. –
Freiburg (Breisgau) ; Basel ; Wien : Herder, 1993
    ISBN 3-451-23067-4
NE: Mußner, Franz:

Vorwort

Das hier vorgelegte Plädoyer eines Alttestamentlers und eines Neutestamentlers für die Einheit der ganzen Bibel hat seinen Ursprung in zwei Referaten, die beide im September 1991 bei einem Kolloquium des Schülerkreises von Joseph Kardinal Ratzinger in Steinfeld/Eifel hielten. Das Kolloquium, angestoßen durch die von Kardinal Ratzinger in der *Quaestio Disputata* „Schriftauslegung im Widerstreit" (Freiburg/Basel/Wien 1989) vorgetragenen Thesen, stand unter der Frage *„Die Auslegung des Alten Testamentes im Neuen Testament als Vorgabe und Modell für eine christliche Schriftauslegung"*. Mit Genugtuung stellten die beiden Referenten fest, daß sie unabhängig voneinander zu einem Plädoyer für die Einheit und Ganzheit der Schrift gelangten, weil sie nicht bei ihren getrennten Spezialgebieten innerhalb der Bibelwissenschaft einsetzten, vielmehr unterschiedliche, aber sich gut ergänzende Perspektiven entfalteten.

Daraus entstand der nun vorliegende Band. Er wendet sich primär nicht an die Fachkollegen, vielmehr an einen größeren Kreis interessierter Christen mit dem Ziel, zu einem neuen und vertieften Verstehen der Heiligen Schrift im Sinne des II. Vatikanischen Konzils zu führen. Doch würden sich die Verfasser freuen, wenn auch die Zunftgenossen darin Impulse zum Weiterdenken finden könnten. Zugleich möchte dieses Buch auch ein Beitrag zum jüdisch-christlichen Dialog sein in dem Bemühen, die Bibel der Christen von ihrer jüdischen Wurzel her dem Verstehen zuzuführen.

Besonderer Dank gebührt an dieser Stelle Kardinal Ratzinger, weil er nicht nur durch Diskussionen und Anregungen bei der erwähnten Tagung, sondern schon seit seinem Konzilskommentar zu *Dei Verbum* und besonders auch durch die genannte Quaestio zur Schriftauslegung sich immer wieder entschieden der Suche nach dem kirchlichen und theologischen Ort der Einheit der ganzen Schrift widmet.

Zu danken haben wir auch Frau Ulrike Gallinger in Passau und Frau Agnes Menkhaus in Osnabrück für die perfekte und reibungslose Erfassung des Textes auf Datenträger sowie Frau Birgit Trimpe, Osnabrück, für die kritische Durchsicht des Manuskripts und das zügige Lesen der Korrekturen, und last but not least dem Herder Verlag, namentlich dem Lektor Dr. Peter Suchla, der auch diesem *opusculum* seine ungeteilte Aufmerksamkeit und Fürsorge entgegenbrachte.

Osnabrück/Passau, im Februar 1993

Christoph Dohmen / Franz Mußner

Inhalt

I
Die Zweiteilung der Heiligen Schrift als Schlüssel zu ihrem Verständnis?

Eine Problemskizze

„Die halbe Wahrheit ist die gefährlichste Lüge" sagt ein jüdisches Sprichwort. Gefährlich ist diese Lüge, die nicht auf etwas Falschem in der Aussage beruht, sondern sich die Wahrheit selbst, als verkürzte und reduzierte, zu Diensten macht, weil man sie nicht entlarven kann, indem man sie ihrer Falschheit überführt, also durch eine „Richtigstellung", sondern nur durch Ergänzung, Auffüllung und Komplementierung zur ganzen Wahrheit. Gegenüber jeder bewußten Falschaussage ist die Reduktion der Wahrheit, das Verschweigen des Ganzen, juristisch und moralisch kaum oder nur schwer zu ahnden, was sich nicht nur Politiker und dubiose Menschenführer aller Zeiten zunutze gemacht haben und machen [1]. Es bedarf keiner allzu großen Anstrengungen, das hier angedeutete Wahrheitsproblem auch auf den religiösen Bereich, näherhin die sogenannten Glaubenswahrheiten anzuwenden. Daß eine solche Anwendung nicht weithergeholt ist, zeigt der christliche Wahrheitskonflikt par excellence, die Häresie, die schon im Begriff auf die „Auswahl, Bevorzugung" in bezug auf vorgegebene Tra-

---

[1] Einen instruktiven Überblick zum Wahrheitsbegriff bietet *B. Häring,* Frei in Christus. Moraltheologie für die Praxis des christlichen Lebens II (Freiburg/Basel/Wien 1980) 23–110.

ditionsinhalte hinweist[2]. In bezug auf die Ur-Kunde des Glaubens, die Bibel, spitzt sich dieses Wahrheitsproblem erstmals mit Marcion im zweiten Jahrhundert zu[3]. Daß die sich hier zu Wort meldende Ablehnung des Alten Testamentes eine Häresie ist, der das Moment des „Gefährlichen" innewohnt, hat sich in der Geschichte immer dann gezeigt, wenn das – aus welchen Gründen auch immer – abgelehnte Alte Testament mit dem Judentum gleichgesetzt wurde und so dessen „Ablehnung" motivierte, begleitete oder gar verstärkte. Jede Auswahl oder Reduktion der biblischen Botschaft – auch zum Beispiel die vielfältigen Versuche von Evangelienharmonien – neigt dazu, als „halbe Wahrheit" zur Lüge gegenüber der Glaubenserfahrung der vielen biblischen Zeugen zu werden, weil sie eben gerade diese verleugnet; zur „gefährlichen Lüge" wird sie aber immer dann, wenn sie sich gegen die zweigeteilte Einheit der christlichen Bibel wendet. Diese Besonderheit der christlichen Bibel, *eine* Schrift in *zwei* Teilen zu sein, wobei der erste Teil Heilige Schrift einer anderen Religion zuvor schon war und weiterhin ist, wurde von Johannes Paul II. in seiner

---

[2] Die zumeist – besonders in theologischen Lexika – zu findende Begriffserklärung von Häresie als „Leugnung von Glaubenswahrheiten" ergibt sich erst aufgrund des spezifisch christlich/kirchlichen Gebrauchs des Begriffs. Die Kirchenväter (z. B. Tertullian oder Hieronymus) geben demgegenüber noch den ursprünglichen Wortsinn an, wenn sie bei Häresie von einer willkürlichen Auswahl aus der Wahrheit reden. Zum Begriff und seiner Verwendung vgl. *H. D. Betz/ A. Schindler/W. Huber*, Art.: Häresie, TRE 14, 313–348; *K. Rahner*, Art.: Häresie, LThK[2] 5, 6–11; *P. L. Berger*, Der Zwang zur Häresie. Religion in der pluralistischen Gesellschaft, Frankfurt 1980, bes. 39–45.

[3] Die Ablehnung des Alten Testaments durch Marcion hat mehrere Gründe: zur Differenz im *theologischen Zeugnis* zwischen Altem und Neuem Testament vgl. *B. Aland*, Art.: Marcion/Marcioniten, TRE 22, bes. 91–94, zur Ablehnung der Allegorese vgl. *J. Leipoldt/S. Morenz*, Heilige Schriften. Betrachtungen zur Religionsgeschichte der antiken Mittelmeerwelt (Leipzig 1953) 144.

vielbeachteten Ansprache vor dem Zentralrat der Juden in Deutschland und der Rabbinerkonferenz vom 17. November 1980 in Mainz aufgenommen und positiv gewendet, indem er das Verhältnis von Altem und Neuem Testament in der christlichen Bibel als spiegelbildliche Entsprechung des Verhältnisses von Christentum und Judentum formulierte: „...die Begegnung zwischen dem Gottesvolk des von Gott nie gekündigten Alten Bundes und dem des Neuen Bundes, ist zugleich ein Dialog innerhalb unserer Kirche, gleichsam zwischen dem ersten und zweiten Teil ihrer Bibel."[4]. Hinter diesem „Entsprechungsgedanken" von zweigeteilter Heiliger Schrift und jüdisch-christlicher Existenz als zweier in derselben Wurzel verbundener Religionen, verbirgt sich eine alte christliche Tradition, die sich ganz besonders im bekannten Motiv der *concordia veteris et novi testamenti* konzentriert. Dieses Motiv begegnet zum Beispiel in den Fensterrosen des Straßburger Münsters und korrespondiert dort mit den bekannten Portalfiguren von Kirche und Synagoge, die keine in Stein verhärteten „Positionen" darstellen, sondern außer durch die Entsprechung im Concordia-Motiv vor allem im Bildprogramm durch die in der Mitte thronende Richter-Figur (Salomo/Christus) verbunden sind[5]. Die Einheit der Bibel aufzugeben impliziert folglich für den Christen immer eine Selbstverleugnung, weil er dadurch seine *Geschichte,* die sein Selbstverständnis prägende Kraft der Wurzel, aufgibt. Wir dürfen aber als Christen – um der Wahrheit willen!

[4] Zit. nach *R. Rendtorff/H. H. Henrix* (Hg.), Die Kirchen und das Judentum. Dokumente von 1945–1985 (Paderborn/München [2]1989) 75.
[5] Vgl. dazu den instruktiven Artikel von *O. von Simson,* Ecclesia und Synagoge am südlichen Querhausportal des Straßburger Münsters, in: *L. Kötzsche/P. von der Osten-Sacken* (Hg.), Wenn der Messias kommt. Das jüdisch-christliche Verhältnis im Spiegel mittelalterlicher Kunst (Berlin 1984) 104–125.

– einem solchen – oft einfach hingenommenen – Verlust nicht zustimmen oder auch nur ihn schweigend zulassen, denn der Blick auf Christus durch das Neue Testament ist immer zugleich auch ein Blick auf die Bibel Jesu und der Apostel, also auf das spätere „Alte Testament". Es hat sich für uns heutige Christen bei diesem Blick auf die Schrift natürlich die Blickrichtung gegenüber dem frühen Christentum geändert: „Am Beginn der Geschichte der Christenheit ging der Weg vom Alten Testament zum Verständnis dessen, was in Jesus geschah. Heute müssen wir den Weg umgekehrt gehen. Viele kennen allein das Neue Testament. Wie wenig wissen sie lebendig um die Geschichte der Offenbarung, solange sie das Alte Testament ausklammern? Heute geht der Weg zur glaubenden Existenz vom Neuen Testament zum Alten Testament, um Ihm, Christus Jesus, begegnen zu können. Meinte Pius XI. diesen Weg mit seinem Wort: „Man muß geistig wieder Semit werden?'"[6]. Die christlich eingeübte Blickrichtung, der fast schon starre Blick auf das Neue Testament, beziehungsweise von diesem auf das Alte Testament hin, läßt sich aber nicht einfach umwenden, denn es geht hierbei nicht nur um mangelnde Kenntnisse des größten Teils der Bibel. Letztlich ist die *einseitige* Blickrichtung Ausdruck mangelnden Verstehens. Das Defizit in bezug auf den ersten und größten Teil der christlichen Bibel ist nur sekundär ein auf die Inhalte bezogenes, primär ist es ein hermeneutisches; denn wer als Christ nicht weiß, wie er alttestamentliche Aussagen zu verstehen hat, wird sich auch nicht darum bemühen, diese Aussagen kennenzulernen. Dahinter verbirgt sich aber ein „ungeklärtes Verhältnis"

---

[6] *F. Leist,* Das „überholte" Alte Testament, in: *ders.* (Hg.), SEINE Rede geschah zu mir. Einübung ins Alte Testament (München 1965) 26.

von Theologie und Kirche zum Alten Testament, wie es Erich Zenger zur Eröffnung seiner Streitschrift „Das Erste Testament. Die jüdische Bibel und die Christen" beschreibt: „Entweder wird er (= der erste Teil der christlichen Bibel) faktisch ignoriert (wo wird schon darüber gepredigt?) und insgeheim verachtet (was kann man nicht alles über ‚alttestamentliche' Texte lesen, sogar bei christlichen ‚Alttestamentlern'!), oder er wird, freilich selektiv, christlich so vereinnahmt, daß er den Juden, seinen Erstadressaten, weggenommen wird – von der Kirche, die sich für das ‚wahre' Israel hält und in dem die mit dem ‚alttestamentlichen' Israel begonnene Offenbarungsgeschichte angeblich ‚aufgehoben' ist." [7]. Die für die gesamte Theologie und Kirche notwendige Klärung hat sich also auf ein Verstehen der Schrift in ihrer Besonderheit, *eine* Schrift in *zwei* Teilen zu sein, zu beziehen. Wer sich die möglichen Alternativen zu dieser religionsgeschichtlich singulären Form einer Heiligen Schrift vor Augen führt, erkennt die Schwierigkeiten, aber auch den verborgenen Reichtum der zweigeteilten Schrift. Das Christentum addiert nicht einfach neue Bücher über das Christusereignis zu der ihm bereits vorliegenden Heiligen Schrift, weder im Sinne eines wachsenden Kanons, wie er sich im Verhältnis von hebräischer Bibel zur griechischen Fassung der Septuaginta zeigt, noch im Sinne eines weiteren (vierten) Kanonteils (siehe unten). Auch wählt das Christentum nicht den Weg der Integration, das heißt, daß aus vorliegenden und neuen Büchern in irgendeiner Form ein einziges neues Buch gestaltet wird, wie wir es zum Beispiel in bezug auf biblische Überlieferungen dann später im Koran finden. Vorstellbar ist ne-

---

[7] *E. Zenger*, Das Erste Testament. Die jüdische Bibel und die Christen (Düsseldorf 1991) 9.

ben diesem „Additions- und Integrationsmodell" auch noch ein „Redaktionsmodell", was beinhaltet, daß vorhandene Stoffe in der Weise redaktionell bearbeitet werden, daß daraus Neues entsteht. Auch dies findet sich im Christentum nicht. Mit der *Gratwanderung* einer zweigeteilten Schrift signalisiert das Christentum die unlösliche Verbindung von Kontinuität und Diskontinuität. Diese Besonderheit der christlichen Bibel fordert eigentlich jeglichen christlichen Umgang mit der Heiligen Schrift heraus, weil ein solcher stets von einem wie auch immer gearteten – oft auch unreflektierten und unausgesprochenen – Beziehungsgeflecht zwischen Altem und Neuem Testament ausgeht, welches es aber zu erkennen und auf seine Implikationen hin zu befragen gilt.

Es ist vor allem der seit gut dreißig Jahren von katholischer und evangelischer Seite laut gewordene Ruf nach einer Altes und Neues Testament verbindenden Theologie, einer „gesamtbiblischen Theologie", der die zugrundeliegenden Verstehensmodelle thematisiert und reflektiert[8]. Bei der Sichtung beziehungsweise der Bewertung der verschiedenen gesamtbiblischen Modelle gilt es aber darauf zu achten, daß zweierlei eingeholt wird. Zum einen müssen jene die Vielfalt biblischer Schriften verbindenden Elemente der Einheit gefunden werden, zum anderen muß die Art und Weise der „christlichen Übernahme" der „Bibel Israels"[9] als Altes Testament reflex

---

[8] Vgl. grundlegend *M. Oeming,* Gesamtbiblische Theologien der Gegenwart. Das Verhältnis von AT und NT in der hermeneutischen Diskussion seit Gerhard von Rad (Stuttgart u. a. [2]1987) sowie zum Überblick *J. Scharbert,* Die biblische Theologie auf der Suche nach ihrem Wesen und ihrer Methode, MThZ 40, 1989, 7–26 und zum neuesten Entwurf *F. Mußner,* „JHWH" setzt sich durch!, s.u. III im vorliegenden Buch.

[9] Da der Begriff „Altes Testament" sich immer und ausschließlich auf den ersten Teil der christlichen Bibel bezieht, Ersetzungen wie „Hebrä-

eingeholt werden. Gesamtbiblische Theologien haben sich deshalb nicht nur in Theologie und Kirche zu bewähren, sondern auch und sogar besonders im jüdisch-christlichen Dialog. Der Weg dorthin fordert aber von uns Christen eine bewußte Reflexion auf die Einheit der ganzen Schrift, die uns eben als *geteilte Einheit* entgegentritt, so daß wir uns auch – als Voraussetzung des *Umdenkens* – immer wieder des eigenen hermeneutischen Standortes bewußt werden müssen, der, wie angedeutet wurde, bis heute immer wieder zuerst im Neuen Testament gesucht wird.

Wir müssen uns aber fragen, ob dieser für viele Christen so selbstverständliche und vertraute, ja oft auch nicht anders denkbare Weg vom Neuen Testament zum Alten wirklich der Königsweg biblischer Hermeneutik sein sollte Um nicht mißverstanden zu werden:.

Es ist sicherlich keine Frage, daß wir uns als Christen auf den Weg vom (bekannten) Neuen Testament zum (unbekannten) Alten Testament machen müssen, um die ganze Schrift als Ur-Kunde und Fundament unseres Glaubens wieder kennenzulernen. Doch um das Christentum zu *verstehen*, müssen wir wohl auch – wie die ersten Christen – wieder *von vorne anfangen*.

ische Bibel, Jüdische Bibel, Erstes Testament, Erstes Bundesbuch etc." aber aus vielen Gründen – dazu im einzelnen weiter unten S. 44 ff. – unzutreffend für die Schriftensammlung sind, die dem Christentum als Heilige Schrift vorlag, schlage ich den Begriff „Bibel Israels" vor, da er bewußt offenbleibt gegenüber der Sprache (Hebräische Bibel oder Septuaginta) sowie der Glaubensgemeinschaft (Volk Israel oder Judentum) und daraus folgend auf den Kanonumfang.

Das Alte Testament nicht kennen heißt das Christentum nicht kennen

1. Was ergibt sich aus der Folge von Altem und Neuem Testament?

Unter dem Titel „L'un et l'autre Testament" (= Das eine und das andere Testament) erschien vor ungefähr fünfzehn Jahren ein Buch von Paul Beauchamp, daß sich der Frage der Einheit von Altem und Neuem Testament und der damit verbundenen Besonderheit christlicher Lese- und Verstehensweise des Alten Testamentes zuwandte[1]. Darin weist Beauchamp darauf hin, daß unsere Bezeichnungen „Altes und Neues Testament" eine Folge suggerieren, auch wenn dies exakt nicht von den Begriffen her gegeben und in ihnen enthalten ist. Des weiteren beobachtet er, daß diese Folge instinktiv dann auch mit einer Abwertung des ersten (alten) und einer Aufwertung des zweiten (neuen) Teils verbunden wird. Um dies zu verhindern, redet er deshalb vom „einen und vom anderen Testament"; dabei nimmt er aber in Kauf, daß die Reihenfolge der Testamente für unwesentlich gehalten wird. Daß aber gerade diese Reihenfolge von Altem und Neuen Testament von entscheidender hermeneutischer Bedeutung ist, das heißt unser christliches Verstehen der

---

[1] Vgl. *P. Beauchamp*, L'un et l'autre Testament. Essai de lecture (Paris 1976), jetzt in gewisser Weise fortgeführt durch: *Ders.*, Accomplir les Écritures. Un chemin de théologie biblique, RB 99, 1992, 132–162.

zweigeteilten Schrift lenkt und prägt, oder besser lenken und prägen sollte, soll im folgenden gezeigt werden.

Zwei moderne Urteile mögen zu Beginn genügen, um aufzuweisen, daß in der Folge der Testamente immer schon ein Urteil über das eine oder andere Testament enthalten ist.

Der Philosoph Friedrich Nietzsche kommt in seinem Werk „Jenseits von Gut und Böse" auch auf das Alte Testament zu sprechen und die Wertung, die dieses von ihm unter ästhetischen und literarischen Gesichtspunkten so geschätzte Buch in seiner Verbindung mit dem Neuen Testament in der christlichen Bibel erfährt: „Im jüdischen ‚Alten Testament', dem Buch von der göttlichen Gerechtigkeit, gibt es Menschen, Dinge und Reden in einem so großen Stile, daß das griechische und indische Schrifttum ihm nichts zur Seite zu stellen hat. Man steht mit Schrecken und Ehrfurcht vor diesen ungeheuren Überbleibseln dessen, was der Mensch einstmals war, und wird dabei über das alte Asien und sein vorgeschobnes Halbinselchen Europa, das durchaus gegen Asien den ‚Fortschritt des Menschen' bedeuten möchte, seine traurigen Gedanken haben. Freilich: wer selbst nur ein dünnes, zahmes Haustier ist und nur Haustier-Bedürfnisse kennt (gleich unsern Gebildeten von heute, die Christen des ‚gebildeten' Christentums hinzugenommen), der hat unter jenen Ruinen weder sich zu verwundern, noch gar sich zu betrüben – der Geschmack am Alten Testament ist ein Prüfstein in Hinsicht auf ‚groß' und ‚klein' –: vielleicht, daß er das Neue Testament, das Buch von der Gnade, immer noch eher nach seinem Herzen findet (in ihm ist viel von dem rechten zärtlichen dumpfen Betbrüder- und Kleinen-Seelen-Geruch). Dieses Neue Testament, eine Art Rokoko des Geschmacks in jedem Betrachte, mit dem Alten Testament zu *einem*

Buche zusammengeleimt zu haben, als ‚Bibel‘, als ‚das Buch an sich‘: das ist vielleicht die größte Verwegenheit und ‚Sünde wider den Geist‘, welche das literarische Europa auf dem Gewissen hat"[2].

Was Nietzsche als Skandal für das Alte Testament betrachtet, das „Zusammenleimen" mit dem Neuen Testament, erweist sich auch für den Theologen Friedrich Schleiermacher als Problem; jedoch in umgekehrter Richtung, da ihm das Alte Testament in der christlichen Bibel zum Stein des Anstoßes geworden ist. Aber Schleiermacher fordert nicht nur – wie auch viele andere vor und nach ihm –, „von dem altkirchlichen Gebrauch abzuweichen, der das Alte Testament mit dem Neuen zu einem Ganzen als Bibel vereinigt"[3], sondern wie Nietzsche erkennt auch er, daß mit der formalen Abfolge von Altem und Neuem Testament hermeneutische Weichen gestellt werden. Schleiermacher formuliert in diesem Sinne einmal kurz: „Den jüdischen Kodex mit in den Kanon ziehen heißt das Christentum als eine Fortsetzung des Judentums ansehen"[4], um an anderer Stelle, wo es ihm um die Differenz zwischen alt- und neutestamentlichen Schriften geht, diesen Gedanken weiter auszuführen: „Allein daraus (= daß Christus und die Apostel selbst sich auf die alttestamentlichen Schriften als Autoritäten beziehen) folgt keineswegs, daß wir für unseren Glauben dieser Vorandeutungen noch bedürfen, da wir die Erfahrung haben und die neutestamentliche Schrift

---

[2] *F. Nietzsche*, Jenseits von Gut und Böse, zit. nach *ders.*, Werke in zwei Bänden (Hg. v. *I. Frenzel*) (München [3]1976) 50.

[3] *F. Schleiermacher*, Kurze Darstellung des theologischen Studiums zum Behuf einleitender Vorlesungen (hg. v. *H. Schulz*) Darmstadt 1961 (= [3]1910) § 115.

[4] Kurze Einleitung (a. a. O.), in der 1. Auflage § 3, zitiert nach der in der vorausgehende Anm. genannten kritischen Ausgabe von *H. Schulz*.

es billigt, daß man aufhört, um solcher Zeugnisse willen zu glauben, wenn man unmittelbare Gewißheit aus einer Anschauung gewonnen hat. Nur gehört es freilich um deswillen zur geschichtlichen Treue und Vollständigkeit, daß dasjenige auch aufbewahrt werde, worauf sich Christus und seine ersten Verkündiger berufen haben. Dies trifft aber fast nur die prophetischen Schriften und die Psalmen; und dadurch rechtfertigt sich die Praxis, diese dem Neuen Testament als Anhang beizufügen. Da aber diese Schriften zur Zeit Christi nicht abgesondert vorhanden waren, sondern nur als Teile der heiligen Sammlung, und sie oft nur so angeführt werden, überdies einzelne Anführungen auch aus anderen Büchern vorkommen: so kann man, wiewohl das Alte Testament für uns unmöglich in demselben Sinne ein unteilbares Ganzes sein kann wie für das jüdische Volk, nichts dagegen einwenden, daß es ganz und vollständig dem Neuen Testamente beigegeben werde. Nur würde der richtige Sinn der Sache sich besser aussprechen, wenn das alte Testament als Anhang dem neuen folgte, da die jetzige Stellung nicht undeutlich die Forderung aufstellt, daß man sich erst durch das ganze A. T. durcharbeiten müsse, um auf richtigem Wege zum Neuen zu gelangen."[5].

Was den meisten Christen, die ja Bibeltexte – des Alten und Neuen Testaments – zumeist nur noch als „isolierte Lesungen" hören oder lesen, gar nicht mehr zum Problem wird, beziehungsweise nur dann bewußt wird, wenn der Inhalt eines Textes (z. B. durch alttestamentliche Zitate oder Verweise auf das Alte Testament im Neuen Testament) zur Reflexion auf das Verhältnis der

[5] *F. Schleiermacher*, Der christliche Glaube (hg. v. *M. Redeker*) (Berlin [7]1960) § 132.

beiden Testamente zueinander drängt, dies können die Äußerungen von Nietzsche und Schleiermacher uns wieder klar ins Bewußtsein heben: Aus der Folge von Altem und Neuen Testament folgt auch unser Verständnis der Bibel, sowohl im Ganzen als auch in ihren beiden Teilen. Ohne später Behandeltes jetzt schon vorwegzunehmen, darf dieser Stelle darauf verwiesen werden, daß diese Folge der Testamente nicht willkürlich im Sinne des „einen oder anderen Testaments" ist. Die Abfolge ist uns – ebenso wie die Schrift selbst – vielmehr vorgegeben, oder besser: übermittelt, und sie ist – was die Bezeichnung Altes und Neues Testament bestätigt – eine bewußte Setzung, die als solche auch schon von der Alten Kirche bestätigt wird. So verweist zum Beispiel der Heilige Ambrosius auf die „Reihenfolge", in der das Wort der Schrift „zu trinken" sei, „zuerst im Alten Testament und dann sogleich im Neuen Testament"[6].

Es gilt aber nun zu klären, welcher Art die hermeneutische Weichenstellung ist, die durch die Reihenfolge von Altem und Neuem Testament vorgenommen wird, denn die zitierten Urteile von Nietzsche und Schleiermacher zeigen doch, daß das Faktum an sich konträr gedeutet werden kann. Die Antwort auf diese Frage nach der Bedeutung und dem Verständnis der Folge von Altem und Neuen Testament findet man wohl am besten, wenn man das Hintereinander von älteren und jüngeren Texten beziehungsweise Textteilen in antiker Tradi-

---

[6] *Ambrosius,* Expl. ps XII 1,33 (CSEL 64, 30). Zu beachten ist hier aber, daß hinter diesem Gedanken des Mailänder Bischofs nicht in erster Linie eine „Lektüreanweisung" zur Heiligen Schrift steht, sondern eine „Anspielung auf die in der Taufe realisierte Umkehr und das dort grundgelegte neue Leben aus dem Glauben"(*Ch. Jacob,* „Arkandisziplin", Allegorese, Mystagogie. Ein neuer Zugang zur Theologie des Ambrosius von Mailand [Theophaneia 32] [Frankfurt 1990] 227); vgl. Weiteres dazu in Anm. 51.

tionsliteratur betrachtet. Einige wenige Beispiele – aus
der Bibel selbst und aus anderen Literaturwerken – vermögen hier Aufschluß zu geben.

Das erste Beispiel steht gleich zu Beginn der Schrift. In
Gen 1–3 hat man zwei Schöpfungserzählungen entdeckt, die aus unterschiedlichen Zeiten stammen. Die
erste Erzählung Gen 1, 1–2, 4a gilt als die jüngere, die der
älteren von Gen 2, 4b-3, 24 vorangestellt wurde. Die Vor-
anstellung des jüngeren Textes vor den älteren bedeutet
aber zugleich, daß der ältere nun vom jüngeren her zu lesen ist. Bei den beiden Schöpfungserzählungen läßt sich
dies an ihrem theologischen Zentralthema gut verdeutlichen. Der ältere Text in Gen 2/3 widmet sich eigentlich
mehr der sogenannten *creatio continua,* das meint dem
im Alten Orient weit verbreiteten Thema der Welterhaltung, demgegenüber wendet sich der eröffnende Schöp-
fungstext von Gen 1, 1–2, 4a der *creatio prima*[7], also der
konstituierenden Schöpfungstat Gottes zu. In dem uns
jetzt vorliegenden Text von Gen 1–3 muß der Leser folglich die Welterhaltung als „Fortsetzung" der konstituierenden Schöpfungstat lesen und verstehen. In bezug auf
den älteren Text von Gen 2/3 bedeutet dies, daß der jüngere Text zum Vorzeichen, ja geradezu zum Interpreta-
ment des älteren wird, der selbst nun anders als zuvor zu
verstehen ist, weil er in eine neue Texteinheit eingegangen ist.

Ein ähnlicher Fall begegnet uns auch im Zentrum der
Gottesoffenbarung im Buche Exodus, wo wir im Kernbe-
reich der Sinaitheophanie (Ex 19–40), der Darstellung
der Ereignisse am Gottesberg, auf drei Gesetzeskorpora

---

[7] Vgl. dazu *C. Dohmen,* Schöpfer des Himmels und der Erde. Christliche Orientierung am Alten Testament?, in: *M. Lutz-Bachmann/A. Höl-
scher* (Hg.), Gottes Namen. Gott im Bekenntnis der Christen
(Berlin/Hildesheim 1992) 32–54.

stoßen. Im vorliegenden Text folgt auf den Dekalog von Ex 20 das Bundesbuch von Ex 20–23 und schließlich noch das sogenannte Privilegrecht von Ex 34. Die schwierigen literarhistorischen Verhältnisse der Sinaiperikope auflösend, erkennt man aber, daß das Wachstum in bezug auf diese Gesetzeskorpora in umgekehrter Folge vonstatten gegangen ist. Das Privilegrecht gehört zur ältesten literarischen Stufe der Sinaierzählung, dann wurde das jüngere Bundesbuch davorgestellt und zum Schluß setzte man geradezu als Eröffnung und Basistext den Dekalog an den Anfang. Alle drei Gesetzeskorpora wurden im narrativen Kontext der Sinaiperikope sodann sukzessiv miteinander verknüpft, so daß wir jetzt folgendes Bild vor uns haben: Gegenüber dem von Gott direkt gesprochenen und geschriebenen Dekalog tritt das Bundesbuch als von Mose „vermittelter Dekalog" auf, das Privilegrecht schließt sich daran unmittelbar als „Kurzfassung" dieses Bundesbuches an und weist als solches sachlich und kompositionell auf den eröffnenden Dekalog wieder zurück[8]. Das narrative Gerüst, das diese drei Gesetzeskorpora einbindet, erweist sich zugleich als Schlüssel zum Verständnis der Komposition, die durch jeweils vorangestellte neue Gesetze ausgezeichnet ist. Wie auch schon bei Gen 1–3 beobachtet, soll das jeweils ältere Gesetzesstück dadurch neu interpretiert und verstanden werden, daß ihm ein anderes (jüngeres) vorangestellt wird. Die älteren Gesetzesmaterialien versteht man also im Sinne dieser Kompositionen nur recht, wenn man sie von den jüngeren, den vorangestellten, her liest und interpretiert.

Das gleiche Bild des Wachstums von Texten zeigt sich

---

[8] Vgl. dazu im einzelnen *C. Dohmen*, Der Sinaibund als Neuer Bund nach Ex 19–34, in: *E. Zenger* (Hg.), Der Neue Bund im Alten (QD 146) (Freiburg/Basel/Wien 1993) 51–83.

auch außerhalb der Bibel, ein Musterbeispiel dafür mag die sogenannte Gemeinderegel aus den Schriften von Qumran (1 QS) sein. Die Qumranwissenschaftler konnten sehr deutlich zeigen, daß die ältesten Teile dieser Regel in den letzten Kolumnen der Rolle zu finden sind[9]. Die Aktualisierungen, Neuinterpretationen und notwendigen Reglementierungen wurden im Laufe der Zeit jeweils vor die älteren Textstücke gestellt, so daß immer klar wurde, daß die Gründungsurkunde, die das Ideal der Gemeinschaft beschreibt, immer von den aktuellen Ausformungen und theologischen Auslegungen her gelesen und verstanden werden muß. Wer die Gemeinderegel in der vorliegenden Form also von vorne nach hinten liest, wird zuerst mit der gültigen Form konfrontiert, und lernt diese sodann beim weitergehenden Lesen von ihren Voraussetzungen und Ursprüngen her verstehen, indem er nämlich die älteren Textstufen nun immer im Licht der jüngeren, vorangestellten, liest und versteht.

Zwei weitere Beispiele jüngerer Zeit können kurz das bisher gezeigte hermeneutische Prinzip bestätigen und verdeutlichen. Hinter dem im Koran vorliegenden Anordnungsprinzip der einzelnen Suren nach abnehmender Länge mag vielleicht doch noch eine ältere chronologische Anordnung zu entdecken sein, nach der den älteren Suren die jüngeren vorangestellt wurden, so daß auch hier der Leser zum Verständnis des Älteren durch

[9] Vgl. besonders *J. Pouilly,* La Règle de la Communauté de Qumrân (Cahier de la Revue Biblique 17) (Paris 1976). Nach dieser Untersuchung findet sich der älteste Teil der Regel, das sogenannte Gründungsmanifest oder auch die Stiftungsurkunde, in 1 QS VIII-IX, welche später erweitert wurden, zum einen durch den Kern der „Regel" in 1 QS V-VII und zum anderen die theologischen Reflexionen in 1 QS I-IV.

das diesem vorangestellte Neuere geführt wird [10]. Ähnliche Interpretationsformen finden sich in vielfältiger Weise auch in der Rechtsliteratur aller Zeiten, wo immer wieder aktualisierte oder veränderte Grundnormen den Einzelgesetzen vorangestellt werden können, damit die nachgeordneten Bestimmungen – ohne selbst in jeder Einzelheit neu geschrieben und verändert zu werden – von der vorangestellten Grundnorm her auszulegen sind.

Die genannten Beispiele lassen kaum Zweifel an dem zugrundeliegenden hermeneutischen Prinzip: Wenn ein Werk von einem anderen her verstanden oder interpretiert werden soll – oder um das im christlichen Raum in diesem Zusammenhang oft gebrauchte Bild zu benutzen: wenn das eine Werk im Lichte des anderen zu lesen ist –, dann muß das (jüngere), das die Interpretation des vorgegebenen (älteren) leiten soll, immer diesem vorangestellt werden. Daß dies keine generelle oder gar die in einem bestimmten zeitlichen und kulturellen Horizont einzig mögliche Anordnung ist, sondern eben die, die ein spezielles Verstehen lenkt, macht ein Blick auf das Buch Jesaja deutlich, das in seinen drei Teilen – Proto-, Deutero- und Tritojesaja – in die entgegengesetzte Richtung, von vorne nach hinten, gewachsen ist; aber auch hier ist dabei noch festzustellen, daß jüngere Texte deutend vor ältere gestellt wurden, wie z. B. in Jes 1 oder auch in Jes 2.

Für die uns vorliegende Anordnung der christlichen Bibel muß daraus wohl gefolgert werden, daß, wenn das jüngere Werk (das Neue Testament) hinter dem älteren Werk (dem Alten Testament) plaziert wird, dieses jün-

---

[10] *W. Diem,* Art.: Koran, Lexikon der Islamischen Welt II 103–106, sowie im einzelnen *T. Nagel,* Der Koran. Einführung – Texte – Erläuterungen (München 1983) 15 ff.

gere folglich im Lichte des älteren zu lesen ist, also gerade nicht, wie so oft in vielfältiger Form im Christentum gefordert, das Alte Testament im Lichte des Neuen (siehe unten 4.).

Wenn aufgrund der genannten Beispiele mit der Anordnung eine *Leserichtung* vorgegeben ist, die etwa im Fall der zweigeteilten Einheit der christlichen Bibel auch schon eine Interpretationsrichtung darstellt[11], dann empfiehlt es sich, zunächst das Alte Testament als den ersten Teil dieser zweigeteilten Schrift genauer zu betrachten.

2. Rein und unvermischt: Das Alte Testament als erster Teil der christlichen Bibel

Gegen die im vorausgehenden Abschnitt vorgetragene Erklärung der Folge von Altem und Neuem Testament in der christlichen Bibel als Wegweiser des Verstehens könnte man einwenden, daß das geschichtliche Hintereinander der biblischen Erzählungen im Alten und Neuen Testament diese Folge verursache und sinnvoll mache. Dieses Argument würde auch greifen, wenn die Bibel ein einziges, in sich geschlossenes Buch wäre, eine Einheit wie der Koran oder auch die Gemeinderegel von Qumran, für die man Linearität der Darstellung sinnvoll fordern könnte. Da aber die christliche Bibel eine zweigeteilte Einheit ist, deren erster Teil darüber hinaus zu-

---

[11] Daß die kanonische Anordnung der Schriften auch für deren Verstehen wichtig ist, betont auch *H. D. Preuß*, Das Alte Testament in christlicher Predigt (Stuttgart u. a. 1984) 18: „Die biblischen Texte rufen und führen ihren Leser und Interpreten somit in einen Verstehensprozeß hinein, den der Kanon schon eingeleitet hat, ja der im Kanon schon selbst eingeleitet ist."

vor noch in drei Kanonteile untergliedert war (siehe unten), greift das genannte Argument nicht. Denn die umgekehrte Anordnung der beiden Teile der Bibel, also das Neue Testament vor dem Alten, ist ohne Probleme denkbar, wenn man als „Überleitung" vom Neuen Testament zu dem in diesem Fall dann nachfolgenden Alten Testament sich eines „deutenden Satzes" bedient, z. B. im Sinne von Hebr 1, 1 f.: „Viele Male und auf vielerlei Weise hat Gott einst zu den Vätern gesprochen durch die Propheten; in dieser Endzeit aber hat er zu uns gesprochen durch den Sohn, den er zum Erben des Alls eingesetzt und durch den er die Welt erschaffen hat...", als deutendes Verbindungselement wäre ebenso gut auch eine Verbindung von der Offenbarung des Johannes zu der sodann folgenden Schöpfungsgeschichte als Blick vom Ziel zurück auf den Ursprung durchaus denkbar. Aber was in der zweigeteilten christlichen Bibel über die Folge der beiden Teile hinaus auffällt und zu bedenken ist, ist das Faktum, daß der erste Teil dieser Schrift, das Alte Testament, „rein und unvermischt" in der christlichen Bibel steht. In bezug auf diese dem Christentum vorgegebene beziehungsweise vorliegende Schrift findet keinerlei Auswahl oder Veränderung statt; die „Vermischung" findet sich stattdessen im Neuen Testament: Hier begegnen zahlreiche Zitate aus der vorliegenden „Bibel Israels" und durch Verweise, Stichworte, Ortsangaben etc. wird das Verhältnis dieser Schrift zu der ihr vorliegenden, dem späteren Alten Testament, markiert [12].

---

[12] Vgl. dazu vor allen Dingen die von *F. Mußner* unter III.2. behandelten Beispiele zur Schriftauslegung im Neuen Testament. Wie solch eine *Verbindung* auch durch Ortsangaben im Rahmen einer „theologischen Geographie" hergestellt werden kann, zeigt an einem Beispiel *M. Küchler*, Die „Füße des Herrn" (Eus., DE 6, 18). Spurensicherung des

Einer der führenden amerikanischen Vertreter der sogenannten *kanonischen Schriftauslegung*[13] – dies meint eine Richtung, die die kanonische Gestalt biblischer Texte für deren Interpretation ernstnimmt und bei dieser Textgestalt und nicht bei rekonstruierten Vorstufen einsetzt – , Brevard S. Childs, hat jüngst eine in diesem Sinn geschriebene beeindruckende „Biblische Theologie Alten und Neuen Testaments"[14] vorgelegt und darin dann auch die anstehende Frage aufgegriffen. Childs stellt dabei zuerst einmal ganz zu Recht fest, daß es schwierig ist, von der kanonischen Form der christlichen Bibel zu sprechen, weil die Zusammenfügung von Altem und Neuem Testament eigentümlicherweise völlig anders verlaufen ist als vergleichbare Prozesse des literarischen Wachstums in den beiden Einzelteilen selbst, dem Alten und dem Neuen Testament. Während hier und da ältere Schriften oder Textteile mit jüngeren redaktionell verknüpft wurden, ältere Teile fortgeschrieben oder durch kompositionelle Eingriffe „uminterpretiert" wurden, konstatiert Childs in bezug auf die Verbindung von Altem und Neuen Testament gerade das völlige Fehlen christlicher redaktioneller Tätigkeiten im Alten Testament[15]. All das, was wir diesbezüglich in apokrypher (pseudepigraphischer) Literatur finden, bleibt im christlichen Alten Testament aus; die „Bibel Israels" wird nicht

---

abwesenden Kyrios an Texten und Steinen als eine Aufgabe der historisch-kritischen Exegese, in: *Ders./Ch.Uehlinger* (Hg.), Jerusalem, Texte – Bilder – Steine (NTOA 6)(Fribourg/Göttingen 1987) 11–35.
[13] Über diesen Ansatz informieren gut die verschiedenen Beiträge im JBTh 3, 1988; zu den Differenzierungen innerhalb dieser Richtung zwischen einem *canonical approach* und dem*canonical criticism* vgl. *M. G. Brett*, Biblical Criticism in Crisis? (Cambridge 1991) 19 ff.
[14] *B. S. Childs*, Biblical Theology of the Old and New Testaments. Theological Reflexions on the Christian Bible (London 1992).
[15] Vgl. *B. S. Childs*, a. a. O. 73–77.

„intern" christianisiert, sondern nur „extern", nämlich dadurch, daß ihr eine weitere Schriftensammlung an die Seite gestellt wird, mit der sie zusammen eine „neue Bibel" (s.u.) bildet. Die nächste Analogie zu dieser Sicht eines geschlossenen Schriftkorpus, dem ein weiteres an die Seite gestellt wird, sieht Childs in der Komposition der „vierfachen Evangeliensammlung" des Neuen Testaments, denn auch dort finden sich – von einigen wenigen Ausnahmen abgesehen – auch keinerlei redaktionelle Verbindungselemente, wie wir sie eigentlich erwarten müßten [16]. Spätere Versuche von Evangelienharmonien bestätigen die beobachtete Besonderheit genauso wie all die Versuche, *die* biblische Geschichte in ungebrochener Kontinuität von der Schöpfung bis zum Tod des letzten Apostels darzustellen.

Eine christliche Interpretation der „Bibel Israels" findet sich lediglich in der kompositionellen Anordnung beziehungsweise Umgruppierung der einzelnen Schriften des dann sogenannten Alten Testaments: Die vorgegebene Struktur der drei Kanonteile, Tora, Propheten und Schriften, die das hebräische Kunstwort *TaNaK* durch die Verbindung der hebräischen Anfangsbuchstaben dieser drei Teile (Tora = Gesetz/Weisung – Nebiim = Propheten – Ketubim = Schriften) zur Bezeichnung der „Bibel Israels" anzeigt, wird in der christlichen Bibel zugunsten einer anderen Gliederung aufgegeben. Die wesentliche Veränderung besteht darin, daß die Prophetenbücher aus dem Kanonteil „Propheten", zu dem auch noch die Bücher Josua, Richter, 1/2 Samuel, 1/2 Könige gehören, herausgenommen und ans Ende des Alten Testaments gestellt werden, um die Verheißungen des Messias, die in diesen Büchern enthalten sind, unmittelbar

[16] Vgl. *B. S. Childs,* a.a.O. 75. 262–265.

an das Neue Testament heranzurücken, wo Jesus ja als der Christus, also der Messias, verkündet wird. Daraus ergibt sich als Konsequenz eine neue „Sinnrichtung" in der Anordnung der alttestamentlichen Bücher. Die zukünftigen Verheißungen ans Ende dieser Büchersammlung stellen bedeutet, eine Zeitgliederung nach den Schema „Vergangenheit – Gegenwart – Zukunft" vorzunehmen. Daraus ergibt sich eine viergliedrige Struktur[17]. Unverändert steht am Anfang die Tora als Kernoffenbarung Gottes, dieser folgen sodann als zweiter Teil die sogenannten geschichtlichen Bücher, wobei in bezug auf die vorgegebene Dreiteilung des Kanons festzustellen ist, daß lediglich einige Bücher des dritten Kanonteils „Schriften" herausgenommen und „historisch" eingeordnet werden (1/2 Chronik, Rut, Ester). Im dritten Teil stehen sodann die Lehr- und Weisheitsschriften insofern sie bleibend gültige und immer aktuelle Lebensregeln sowie bei der Sammlung der Psalmen Gebete darstellen. Die Zukunftsperspektive wird schließlich im vierten Teil, wie gesagt, durch die Prophetenbücher angezeigt, wobei auch einige Bücher aus dem „Schriftenteil" des TaNaK hier zugeordnet werden (Klagelieder, Baruch, Daniel).

Zusammengehalten werden alle Teile aber ganz wie im TaNaK von der vorangestellten Tora, denn der ursprüngliche Kanonteil „Propheten" ist vom Tora-Gedanken her „kanonisiert" worden, was Jos 1,7 f. („*Sei nur mutig und stark und achte genau darauf, daß du ganz nach der Weisung handelst, die mein Knecht Mose dir gegeben hat. ... Über dieses Gesetzbuch sollst du immer reden und Tag und Nacht darüber nachsinnen...*") zu Beginn und Mal 3,22 („*Denk an das Gesetz meines*

---

[17] Vgl. *E. Zenger*, a. a. O. 177–184, hier bes. 181.

Knechtes Mose, am Horeb habe ich ihm Satzungen und Recht übergeben, die für ganz Israel gelten.") am Ende deutlich anzeigen. Genau diese beiden Texte bilden auch und gerade in der christlichen Anordnung des Alten Testamentes den „Rahmen" um alle Schriften, die auf die Tora folgen. Die hermeneutische Basisoption des TaNaK, daß – ganz im Sinn des oben skizzierten Prinzips – die ganze Schrift im Lichte der vorangestellten Tora zu lesen ist, bleibt also auch im ersten Teil der christlichen Bibel, im Alten Testament, erhalten.

Die veränderte Anordnung einzelner Schriften darf man übrigens nicht begrenzen auf eine Gegenüberstellung von hebräischer Bibel – in der Form, wie sie uns in den heute gängigen Ausgaben des masoretischen Textes der Biblia Hebraica vorliegt – und christlichen Bibel – in der Form der Septuaginta beziehungsweise Vulgata – ; es lassen sich eine Reihe anderer Anordnungen mit divergierenden Intentionen sowohl im jüdischen wie im christlichen Raum ausmachen [18]. Worauf die Anordnungsproblematik jedoch hinweist, ist das Faktum der Kanonisierung der Schrift selbst, weil die Schriften nicht willkürlich neu gemischt werden, sondern die Vorgaben der drei Kanonteile durchaus ihre Berücksichtigung finden und die neuentstehende christliche Bibel das Grundschema von „Kanonteilen" als Wesenselement übernimmt.

---

[18] Vgl. *G. Dorival u. a.* (Hg.), La Bible Grecque des Septante. Du judaïsme hellénistique au christianisme ancien (Paris 1988); *H. P. Rüger,* Der Umfang des alttestamentlichen Kanons in den verschiedenen kirchlichen Traditionen, in: *S. Meurer* (Hg.), Die Apokryphenfrage im ökumenischen Horizont (Stuttgart 1989) 137–145.

Exkurs: Zur Entstehung des biblischen Kanons

Die jüngere Kanonforschung konnte recht deutlich zeigen, daß der biblische Kanon zur Zeit der Entstehung des Neuen Testamentes nicht völlig offen war und erst durch das diese Schriften auch beanspruchende Christentum zu seinem Abschluß kam, wie man lange Zeit meinte, sondern eine gewachsene Größe darstellt, nicht nur im Umfang, sondern auch in dem, was diese Schriften zum Kanon, also zur *Heiligen* Schrift, macht [19]. Daß das Christentum selbst über und durch die Septuaginta einen gegenüber dem hebräischen, Jerusalemer Kanon im Umfang erweiterten Kanon übernommen hat, steht außer Frage, aber die Umfangdifferenzen zwischen diesem und jenem Kanon betreffen, wenn man vom dreigliedrigen Kanon der hebräischen Bibel ausgeht, lediglich den dritten Kanonteil „Schriften", was für den vorausgehenden Abschluß von „Tora" und „Propheten" spricht. Dieses Faktum kann gar nicht stark genug herausgestrichen werden, denn das Christentum ist nicht nur von einer in ihren wesentlichen Teilen schon abgeschlossenen Schriftensammlung ausgegangen, sondern es hat die „Kanon-Idee", die Grundlage und Voraussetzung der zweigeteilten Schrift ist, von hierher rezipiert. Zum Verständnis dessen, was den biblischen Kanon, sowohl im Inneren als auch im Äußeren, also im Wesen und auch im Umfang, ausmacht, muß man im Anschluß an die neuere Kanonforschung innerhalb dessen, was man gemeinhin Kanonisierung nennt, zwischen zwei Phänomenen unterscheiden: dem „kanonischen Prozeß" auf der einen Seite und der „Kanonisierung" auf der anderen Seite. Der Ausdruck „kanonischer Prozeß" will besagen, daß Texte von einer Glaubensgemeinschaft gesammelt und tradiert werden, weil diese Gemeinschaft in ihnen ihre eigene Glaubenserfahrung ausgedrückt findet und von diesen Texten her den eigenen Glauben begründet. B. S. Childs umschreibt dieses Phänomen so: „Im Zentrum des Überlieferungsprozesses, der zur Kanonisierung führte, stand ein grundlegender hermeneutischer Vorgang. Die biblischen Traditionen ruhten nicht unbenutzt, sie wurden auch nicht in Archiven sicher vor Änderungen aufbewahrt, sondern sie wurden ständig überarbeitet und durch den Gebrauch verändert. So wurden die Heiligen Schriften beider Testamente, die ursprünglich Gelegenheitsschreiben darstellten und auf konkrete historische Situationen Bezug nahmen, durch zahlreiche redaktionelle Kunstfertigkeiten derart umgestaltet, daß sie für

---

[19] Vgl. hierzu den Überblick über die aktuelle Kanondebatte in *C. Dohmen/M. Oeming,* Biblischer Kanon – warum und wozu? Eine Kanontheologie (QD 137) (Freiburg/Basel/Wien 1992) 11–26 sowie die verschiedenen Beiträge „Zum Problem des biblischen Kanons" im Jahrbuch für biblische Theologie 3, 1988.

die nachfolgenden Generationen normativen Charakter erhielten"[20]. Folglich betont Childs auch mit Recht, daß die Frage des Kanons keine äußerliche, lediglich auf den Kanonumfang gerichtete ist, „sondern ein tief im Schrifttum selbst wurzelndes Bewußtsein"[21]. Man kann sich dieses Phänomen auch leicht an der sogenannten Kanonformel „Du sollst nichts hinzufügen und nichts wegnehmen" (vgl. Dtn 4,2; 13,1; Koh 3,14) vor Augen führen: Deren älterer Teil „Du sollst nichts wegnehmen!" zielt auf ein Konservieren von Texten hin ab, das sich gerade durch produktive Fortschreibung realisieren läßt.

Der „kanonische Prozeß" ist jedoch nicht grenzen- und ziellos verlaufen, sondern daß es vielmehr zu einem Abschluß, dem Kanon, kommen konnte, ist Folge der „Kanonisierung". Hinter diesem Begriff verbirgt sich die Beobachtung, daß man – durch verschiedenste äußerliche Bedingungen angestoßen – das im Laufe der Zeit gesammelte und gewachsene Textmaterial auch und gerade durch Konzentration, Eingrenzung und Gewichtung fortschreiben konnte. Dadurch wird der kanonische Prozeß langsam zu einem Abschluß gebracht, der sich innerhalb der biblischen Überlieferung auch selbst noch in den Texten niedergeschlagen hat. Dieser Übergang zur Abgrenzung und damit zum Abschluß des kanonischen Prozesses schlägt sich in der Kanonformel markant in deren ergänzend hinzukommendem weiterem Teil, „Du sollst nichts hinzufügen!" nieder[22]. Daß diese Kanonisierung jedoch selbst prozeßhaft zu denken ist und einen konkreten Ursprungsort hat, läßt sich vom Ende der Tora in Dtn 34 her zeigen[23]. Die „abgeschlossene" Tora ist Offenbarung Gottes schlechthin, sie erhält diese Qualität von dem im Kern des Deuteronomiums stehenden und durch die Kanonformel in Dtn 4,2 und 13,1 ausgezeichneten Dekalog, der alles andere dadurch übertrifft, daß er von Gott gesprochen und geschrieben wird, so daß spätere Schriftteile nur zum Kanon kommen und Teil desselben werden, wenn sie sich unter diesen Begriff *Tora* stellen (siehe oben). Für den Kanonteil „Propheten" hat dies O. H. Steck jüngst in allen Details nachgezeichnet und aufgewiesen[24]. Im letzten – teils noch länger offenen – Kanonteil „Schriften" zeichnen sich aber auch schon deutlich die Versuche ab, von der Tora her kommend zu *einem Ende zu finden.*

[20] *B. S. Childs,* Biblische Theologie und christlicher Kanon, JBTh 3, 1988, 13.

[21] Ebd.

[22] Zur Deutung der Kanonformel insgesamt vgl. *C. Dohmen/M. Oeming,* a.a.O. 68–89.

[23] Vgl. ebd. 54–68.

[24] *O. H. Steck,* Der Abschluß der Prophetie im Alten Testament. Ein Versuch zur Frage der Vorgeschichte des Kanons (BThSt 17) (Neukirchen-Vluyn 1991).

Die christliche Bibel schließt sich an diese Kanon-Vorgaben mit ihrer zweigeteilten Schrift eindeutig an.

Die Sammlung der neutestamentlichen Schriften ist nicht durch eine kirchliche, autoritative Entscheidung zur „Heiligen Schrift" geworden, sondern nur durch die Zusammenführung mit der schon vorliegenden „Heiligen Schrift", die dann selbst zum „Alten Testament" wurde. Das „Neue Testament" *unterstellt* sich geradezu dem Anspruch der Heiligen Schrift, dem späteren Alten Testament, indem es mit der vorhandenen Heiligen Schrift zusammen in einen *geteilten Kanon* eingeht, wobei die innere Kanongrenze nur schärfer gezogen wird als sie zwischen den drei Kanonteilen der Hebräischen Bibel, des TaNaK, bestand. Verstärkt und untermauert wird diese Sichtweise, daß – verkürzt gesagt – das Neue Testament seine Qualität als Heilige Schrift vom Alten Testament her bezog, dadurch, daß das Christentum dieser neuen, zweigeteilten Schrift keinen neuen Namen gibt, sondern lediglich ihren beiden Teilen. Die Doppeldeutigkeit und Schwierigkeit, die dadurch entsteht, daß dem Ganzen der christlichen Bibel gegenüber der vorgegebenen Bibel Israels kein neuer Titel gegeben wird, kann man sich vor Augen führen, wenn man sich eine Textausgabe der Dokumente des I. und II. Vatikanischen Konzils unter dem Titel „Die Texte des Vatikanischen Konzils" vorstellt; hier würde sich auch jeder fragen, ob der Herausgeber das eine Konzil zugunsten des anderen *verschweigt* oder ob er beide ohne Unterschiede als eines *zusammenfaßt* oder ob er das zweite nur als *Appendix* zum ersten oder auch das erste nur als *Vorbereitung* des zweiten betrachtet.

Die Beobachtung, daß das Neue Testament als „Heilige Schrift" von der „Bibel Israels" her *kanonisiert* wird, wird auch durch das äußere Abschlußkriterium für die neutestamentliche Schriftensammlung unterstrichen, welches (intentional in Analogie zum Tod des Mose, der formal den Abschluß der Tora in Dtn 34, inhaltlich aber die Geburt der Tora darstellt) jetzt beim Tod des letzten Auferstehungszeugen festgemacht wird. Mußte und muß nicht das Christentum diese Heilige Schrift, sein Altes Testament, deshalb rein und unvermischt an erster Stelle im Kanon behalten, weil das Neue Testament, das doch Jesus als den Christus verkündet, diese Verkündigung als „Wort Gottes" nur im Horizont des von Gott schon gesprochenen Wortes der Heiligen Schrift verständlich machen kann? Folglich kann die Kirche, selbst in ihrem Ursprung, auch nur aus der untrennbaren Verbindung mit der Bibel Israels verstanden werden, worauf der Patrologe Charles Kannengiesser mit Nachdruck hinweist: „Die hebräische Bibel wurde christianisiert durch die kanonische Rezeption der griechischen Fassung der Septuaginta, was bedeutet, daß die Kirche sich selbst identifizierte als eine Körperschaft mit rezipierten Glaubensinhalten und religiösen Praktiken, die in Übereinstimmung waren mit den Anordnungen der Bibel"[25]. Nicht das Neue Testament beziehungsweise das Christentum nimmt das Alte Testament großzügig mit in die Heilige Schrift auf, wie es die häufig behandelte Frage, warum das Alte Testament überhaupt in der christlichen Bibel stehe, anzeigt. Umgekehrt: Weil Jesus von Nazareth der „Messias" der Bibel Israels im Glauben und Bekennen der Christen ist, deshalb ist das Neue Testament als vielfältige Darlegung dieses Bekenntnisses selbst „Heilige Schrift" und darf und kann zur vorliegenden Heiligen Schrift gestellt werden.

[25] *Ch. Kannengiesser*, Die Bibel, wie sie in der frühen Kirche gelesen wurde. Die patristische Exegese und ihre Voraussetzungen, Conc (D) 27, 1991, 28.

Dieser Gedanke, daß das Neue Testament nur weil und wenn es mit der Bibel Israels, dem Alten Testament, zusammengestellt bleibt, Heilige Schrift ist, provoziert aber unweigerlich die weitergehende Frage, ob nicht doch *inhaltliche* Spannungen zwischen den beiden Kanonteilen der christlichen Bibel bestehen, die nach einer christlichen, beziehungsweise christologischen Interpretation dessen verlangen, was dann und dadurch Altes Testament wird.

3. Begründet die christologische Interpretation der „Bibel Israels" deren Aufnahme als christliches „Altes Testament"?

Zweifellos setzt im frühen Christentum eine christologische Interpretation der Heiligen Schrift, das heißt des späteren Alten Testamentes, ein. Zu allererst wird diese bei Paulus greifbar und grundlegend dort formuliert, wo Paulus als hermeneutischen Grundsatz das „Verstehen der Schrift im Zuge der Umkehr zum Kyrios" faßt[26]: *„Bis heute liegt, wenn Mose vorgelesen wird, eine Hülle auf ihrem Herzen. Sobald sich aber jemand zum Kyrios hinwendet, wird die Hülle weggenommen"* (2 Kor 3, 15 f.). Dieser hermeneutische Grundsatz, der das Evangelium von Jesus dem Christus zum Schlüssel des Verstehens der „Schrift", also des Alten Testamentes, macht, ergibt bei Paulus aber nur Sinn, wenn man ihn zusammensieht mit einem weiteren hermeneutischen Grundsatz, der von der „Schrift" als Voraus-Setzung für die Artikula-

---

[26] Auf diesen und den folgenden „hermeneutischen Grundsatz" bei Paulus machte mich Thomas Söding auf einer gemeinsamen Tagung zum Thema „Altes Testament und Neuer Bund. Zwei Testamente – eine Heilige Schrift" in Münster am 18. 11. 1992 aufmerksam.

tion und das Verstehen des Evangeliums ausgeht; er findet sich in 1 Kor 4,6 formuliert: *„Nicht über das hinaus, was geschrieben steht."* Beide Grundsätze zielen zusammengesehen funktional darauf ab, die theologische Integrität der „Schrift" zu wahren, denn beide Richtungen des Verstehens – von der „Schrift" zum Evangelium und vom Evangelium zur „Schrift" – verlangen die „Schrift" als selbständige Größe (siehe oben). Dies impliziert aber, daß „christologische Interpretation" nur eine – mögliche – unter anderen Interpretationen dieser Schrift sein kann; es geht nicht um den einen und einzigen – verborgenen (christologischen) – Sinn der Schrift, den es zu erheben gelte. Dies zeigen die für die christologische Interpretation zentralen neutestamentlichen Stellen selbst[27]:

„Er sprach aber zu Ihnen: Dies sind meine Worte, die ich zu euch gesprochen habe, als ich noch bei euch war: Alles muß erfüllt werden, was im Gesetz des Mose und in den Propheten und Psalmen über mich geschrieben steht. Dann öffnete er ihnen den Sinn zum Verstehen der Schriften" (Lk 24,44 f.). Die Stelle läßt keinen Zweifel daran, daß ein christologischer Sinn der „Schrift" auch nicht im Angesichte Christi von selbst offenbar wird, sondern auch hier bedarf es einer besonderen Erschließung. Das Verstehen, zu dem der Auferstandene ihren Sinn – wie es wörtlich heißt – öffnet, ist ein Verstehen des *Christusereignisses* von der Schrift her (vgl. Lk 24,46 ff.: „So ist geschrieben..."), nicht ein Verstehen der Schrift an sich. Dabei scheint Lukas größten Wert darauf zu legen, die Autorität der *ganzen* Schrift für das Bekenntnis zu Jesus dem Christus in Anspruch zu nehmen, denn er betont, daß es um das geht, „was im Gesetz

---

[27] Vgl. dazu im einzelnen und ausführlich *F. Mußner* im Kapitel III.

36

des Mose und in den Propheten und Psalmen", das heißt in allen Teilen der vorliegenden Schrift, über ihn geschrieben steht. Also sind nicht nur die prophetischen Verheißungen des oder eines Messias gemeint, sondern dieser Messias/Christus kann und muß von der ganzen Schrift her verstanden werden.

Genau diese Sicht bestätigt Lukas auch in der Geschichte von den Emmausjüngern, wenn es dort heißt: „Da sprach er zu ihnen: O, ihr Unverständigen, ist euer Herz doch zu träge, um an all das zu glauben, was die Propheten gesprochen haben! Mußte nicht der Messias dieses leiden und so in seine Herrlichkeit eingehen? Und er begann mit Mose und allen Propheten und legte ihnen in allen Schriften aus, was sich auf ihn bezieht" (Lk 24, 25 ff.). Was also die christologische Interpretation der Schrift betrifft, so erweist sie sich nicht als Bestätigung einer Einzelaussage dieser Schrift, vielmehr wird die Kontinuität der Geschichte und Person Jesu mit der in der Schrift niedergelegten Geschichte Gottes mit Israel aufgewiesen. Sogar klassische Einzelstellen, die als christologische Erfüllungszitate gewertet werden, zeigen bei genauerer Betrachtung ein ähnliches Profil wie die genannten Stellen, insofern immer festgehalten wird, daß das Christusbekenntnis nicht aus der Schrift, dem Alten Testament, unmittelbar ableitbar ist[28].

[28] Ähnliches zeigt sich auch bei dem schwierigen Passus Joh 12, 41, wo angesichts des Unglaubens der Juden auf die entsprechenden Verstockungsaussagen beim Propheten Jesaja hingewiesen und dann erläutert wird, daß Jesaja dies gesagt habe, „weil er seine (Jesu) Herrlichkeit gesehen hatte, über ihn nämlich hat er gesprochen". Hier soll aber das Faktum des Unglaubens zum Bekenntnis zum ewigen Logos führen; weil die Juden in bezug auf Jesus verstockt sind, und zwar in einer Weise wie Jesaja auch von Verstockung redet, bezieht sich das Wort des Jesaja wohl auf ihn („Über ihn hat er geredet"), und in der dazugehörigen Vision hat Jesaja folglich auch ihn gesehen, daß heißt wohl: ihn als den „ewigen Logos" im Sinne des Johannesevangeliums.

II. Das Alte Testament nicht kennen

Daß das Christusbekenntnis eben nicht als Folge der Entdeckung eines verborgenen (christologischen) Sinns der Schrift zutage tritt, hält auch das bekannte Messiasbekenntnis des Petrus in der Fassung bei Matthäus (Mt 16, 13 ff.) expressis verbis fest, wenn dort Petrus auf die Frage „Für wen haltet ihr mich?" antwortet „Du bist der Messias, der Sohn des lebendigen Gottes" und Jesus, dies erläuternd, erwidert: „Selig bist du, Simon, Sohn Ben Jonas, denn nicht Fleisch und Blut hat dir das geoffenbart, sondern mein Vater der im Himmel ist". Die Stelle, insbesondere der Hinweis auf den Vater, läßt keinen Zweifel mehr daran, daß keine noch so tiefschürfende Interpretation der Schrift allein zum Christusbekenntnis führen kann. Das Christusbekenntnis entsteht nicht *aus der Schrift*. Und doch läßt sich nur *durch die Schrift* verstehbar machen, daß Jesus und in welcher Weise der Christus ist. Und von hierher können sodann alle Aussagen der Schrift über den Messias/Christus *identifizierend* gelesen werden.

Die bei vielen Christen oft zu hörende Frage „Warum glauben denn die Juden, die doch die Bibel lesen, nicht an Christus, wo darin doch überall von ihm geredet wird?" läßt sich eigentlich nur durch eine Gegenfrage beantworten: Warum wissen Christen denn nicht, was doch das Neue Testament immer wieder betont, daß

Die Richtung der christologischen Interpretation setzt folglich nicht bei der Schrift, hier bei Jesaja, ein; Jesaja sagt nicht die Verstockung der Juden an, welche dann endlich durch Jesus in Erfüllung gehen würde; vielmehr führt der erlebte Unglaube, das Verstocktsein, von der bekannten Verstockungsrede des Jesaja her, Jesus als den „ewigen Logos" zu verkünden. Zum größeren Kontext des Problems vgl. *R. Schnackenburg*, Zur christologischen Schriftauslegung des vierten Evangelisten, in: *ders.*, Das Johannesevangelium IV. Teil. Ergänzende Auslegungen und Exkurse (HThKNT) (Freiburg/Basel/ Wien 1984) 143–152.

man durch die Lektüre der Schrift nicht zwangsläufig zum Glauben an Christus findet, weil die Schrift gerade nicht so von ihm redet, daß man notwendig und unausweichlich an *ihn* glauben müßte? Der jüdische Gelehrte R. J. Zvi Werblowsky betont deshalb mit Recht: „Es ist unbestreitbar, daß der Christ als Christ auf das Judentum stößt, wenn er sich mit seinem eigenen Christsein konfrontiert. Der Jude stößt nicht mit immanenter Notwendigkeit auf das Christentum, wenn er sich mit seinem eigenen ‚Judesein' konfrontiert [29].

Wenn *diese* – oft unreflektiert suggerierte – Verbindung zwischen den zwei Teilen der Bibel gerade nicht zu finden ist, dann stellt sich die Frage um so mehr, warum das Christentum an der ganzen ihm vorliegende Schrift, der Bibel Israels, rein und unvermischt, festgehalten hat. Hätte nicht jenes „Exzerpt" der Schrift genügt, das durch Schriftzitate im Neuen Testament entstanden ist? Wir müssen uns als Christen dabei immer vor Augen halten, daß, wenn man alle möglichen Stellen des Alten Testamentes, die auf das Christusgeschehen gedeutet werden können, zusammennimmt, immer noch ein ziemlich großer „Überschuß" oder „Rest" bleibt, der nicht darin aufgeht. Dies aber hat ja schon das Lukasevangelium angedeutet, wenn es gerade beim Gedanken der Ganzheit der Schrift (Gesetz des Mose, Propheten und Psalmen) von *dem* redet, was *innnerhalb* dieser Schriften über Christus geschrieben steht (Lk 24,44), womit gerade nicht zum Ausdruck gebracht wird, daß *alles* von Christus redet. Schaut man genauer ins Neue Testament hinein, dann verschärft sich die Frage sogar noch, warum

---

[29] *R. J. Zvi Werblowsky*, Trennendes und Gemeinsames, in: Zur Erneuerung des Verhältnisses von Christen und Juden (Handreichungen für Mitglieder der Landessynode, der Kreissynoden und der Presbyterien in der Evangelischen Kirche im Rheinland Nr. 39, 1980) 40.

denn das Christentum die ihm vorliegende Schrift, die Bibel Israels, in der Weise rezipiert hat, daß es sie als „Altes Testament" mit einem „Neuen Testament" zusammengestellt hat; denn es hat sich, wie die einschlägigen Analysen Franz Mußners zeigen im Neuen Testament selbst ein Ablösungsprozeß der Kirche von Israel niedergeschlagen: „In älteren Schriften des neutestamentlichen Kanons ist der Trennungsprozeß der Jesusgemeinde (Kirche) von Israel (Judentum) ausdrücklich zur Sprache gebracht. Nach den vier Evangelien trug das Auftreten Jesu von Nazareth selbst (sein Anspruch, seine Gesetzeshalacha, sein Todesgeschick) zu diesem Trennungsprozeß entscheidend bei, der sich auch in ihrem Überlieferungsmaterial und seiner redaktionellen Verarbeitung deutlich spiegelt. Die Apostelgeschichte stellt diesen Trennungsprozeß anhand der Missionsgeschichte der Urkirche dar. Paulus trug durch seine Rechtfertigungslehre theologisch zu ihm entscheidend bei, wie sowohl seine Briefe als auch die Apostelgeschichte bezeugen. Daß in den Spätschriften des Neuen Testaments dieser Trennungsprozeß sich nur mehr schwach oder gar nicht mehr spiegelt, hängt damit zusammen, daß Kirche und Judentum nun getrennte Wege gehen, was in der Kirche immer mehr zur folgenschweren ‚Israelvergessenheit' führte. Das Neue Testament bezeugt die sich in der Zeit der Urkirche vollziehende und tatsächlich vollzogene Trennung der Kirche von Israel. Ohne diese Trennung gäbe es vermutlich kein Neues Testament neben dem Alten, obwohl bei aller Diskontinuität ein wichtiges Kontinuum bleibt: das Festhalten der Kirche am Alten Testament."[30].Gerade diese Spannung, die

---

[30] *F. Mußner*, Das Neue Testament als Dokument für den Ablösungsprozess der Kirche von Israel, in: *ders.*, Die Kraft der Wurzel. Judentum – Jesus – Kirche (Freiburg/Basel/Wien 1987) 170f.

sich in der Beibehaltung der Schrift ungeachtet des Ab-
lösungsprozesses der Kirche von Israel zeigt, kann zum
hermeneutischen Wegweiser des Verständnisses der
zweigeteilten christlichen Bibel werden. Das frühe
Christentum geht offenbar davon aus, daß das Christusereignis immer nur von der Schrift her verständlich
ist und bleibt. Die christologische Interpretation unter-
streicht dies von Einzelpunkten an bestimmten Stellen
her, die aber nicht die Schrift in ihrer Gesamtheit einholen. Die christliche Bibel läßt sich in ihrer Besonderheit und religionsgeschichtlichen Einmaligkeit – nämlich als eine Schrift in zwei Teilen – folglich nicht von
der christologischen Interpretation her verstehen, was,
wie gezeigt werden konnte, auch das Neue Testament
selbst festhält. Die Frage nach der *Bibel Israels* in der
Bibel der Kirche kann, wenn schon nicht von der christologischen Interpretation her, so erst recht nicht von
einer Unterscheidung zwischen „Vetus Testamentum
graece per se" (dem griechischen Alten Testament an
sich) und „Vetus Testamentum in Novo receptum"
(dem Alten Testament, wie es im Neuen aufgenommen
wurde), wie es der Neutestamentler Hans Hübner vorgelegt hat [31], beantwortet werden; denn auch wenn das
Christentum diese Bibel Israels in ihrer griechischen
Fassung, der Septuaginta, voraussetzt und mit dem
griechischen Neuen Testament zusammenstellt, so ist
damit nicht geklärt, warum das Christentum diese
Schrift in ihrer Ganzheit beibehält. Man muß wohl
mit Brevard S. Childs die christliche Bibel zuerst ein-

---

[31] *H. Hübner,* Vetus Testamentum und Vetus Testamentum in Novo
receptum. Die Frage nach dem Kanon des Alten Testaments aus neutestamentlicher Sicht, JBTh 3, 1988, 147–162; kritisch dazu jetzt *B. S.
Childs,* Die Bedeutung der Hebräischen Bibel für die biblische Theologie, ThZ 48, 1992, 382–390.

mal als Bekenntnis der Christen zur „theologischen Kontinuität"[32] wahr- und ernstnehmen. Es geht letztendlich gar nicht um eine *Aufnahme* der Bibel Israels durch die Christen im engen Sinn des Wortes, vielmehr stellt das Christentum sein Selbstverständnis und sein besonderes Rezeptionsinteresse an der vorliegenden Schrift durch die Zweiteilung seiner eigenen Schrift dar, die als Einheit sodann signifikant durch die aufeinander bezogene Teilebenennung *Altes* und *Neues* Testament formuliert und festgeschrieben wird. Insofern redet das II. Vatikanische Konzil in *Dei Verbum* 16 auch ganz richtig nicht von der Aufnahme des Alten Testaments in die christliche Bibel, sondern von der Aufnahme in die „Verkündigung des Evangeliums" und hält dabei als Wichtigstes fest, daß die „Bücher des Alten Testaments als Ganzes" hier eingehen[33]. Von der Benennung der zwei Teile der einen Schrift her muß – und soll – im folgenden geklärt werden, wie der Christ die Einheit seiner ganzen Bibel verstehen kann. Anders gesagt: Biblische Hermeneutik im Christentum muß immer vom „Zeugnis der Schrift" ausgehen, und dies heißt, sie muß einsetzen beim Faktum der *einen* Heiligen Schrift in *zwei* Teilen, deren *erster* die Bibel Israels *als* Altes Testament und deren *zweiter* das Neue Testament ist.

---

[32] Vgl. *B. S. Childs*, Biblical Theology a. a. O. 74.
[33] "…libri tamen Veteris Testamenti integri in praeconio evangelico assumpti"(Vat II DV 16); siehe dazu auch weiter unten in Kapitel IV.

4. Das Neue Testament im Lichte des Alten

Die Meinung, daß das dem Christentum Eigene innerhalb der Bibel im Neuen Testament zu finden sei, konnte durch die vorausgehenden Beobachtungen als falsch erwiesen werden: Das Besondere des Christentums liegt nicht in der Abfassung und Komposition einer völlig losgelösten eigenen Schriftensammlung, dem Neuen Testament, sondern im zweigeteilten Kanon der christlichen Bibel. Insofern führen auch alle Versuche, das Christentum auf das Neue Testament einzugrenzen analog der Hebräischen Bibel im Judentum, nicht zu besserem gegenseitigen Verstehen, sondern nur zur Aufgabe des christlichen Selbstverständnisses (siehe unten), das gerade in der zweigeteilten Schrift begründet liegt[34]. Die Ausschließlichkeit und Einmaligkeit der Beziehung beider Bibelteile hat das Christentum markant in der Bezeichnung „Altes und Neues Testament" zum Ausdruck gebracht, wobei der Testamentsbegriff, der auf den des „Bundes"[35]zurückgeht, die erwähnte „theologische Kontinuität" anzeigt, während die Differenzierung in „Altes und Neues" zuerst die *Rangordnung* oder auch *Reihenfolge* der beiden Testamente in dieser Schrifteinheit markiert.

Die Möglichkeit, das Begriffspaar „Alt und Neu" aber

[34] Vgl. zu einem solchen Vorschlag z. B. *E. Brocke,* Von den „Schriften" zum „Alten Testament" – und zurück?, in: *E. Blum u. a.* (Hg.), Die Hebräische Bibel und ihre zweifache Nachgeschichte (FS für R. Rendtorff)(Neukirchen-Vluyn 1990) 581–594.

[35] Vgl. zum Begriff und Problem *N. Lohfink,* Der niemals gekündigte Bund. Exegetische Gedanken zum christlich-jüdischen Dialog (Freiburg/Basel/Wien 1989) sowie *E. Zenger,* Die Bundestheologie – Ein derzeit vernachlässigtes Thema der Bibelwissenschaft und ein wichtiges Thema für das Verhältnis Israel-Kirche, in: *ders.* (Hg.), Der Neue Bund im Alten. Studien zur Bundestheologie der beiden Testamente (QD 146) (Freiburg/Basel/Wien 1993) 13–49.

II. Das Alte Testament nicht kennen

auch anders als im Sinne der Anordnung/Abfolge zu verstehen, hat das Christentum in seiner Geschichte selbst hervorgebracht. Dabei wurde es sich wohl nicht immer gewahr, daß Charakterisierungen wie „Das Alte ist das Vergangene und Überholte, das Neue ist das Aktuelle und Gültige" dazu führen müssen, die Einheit der Schrift aufzugeben, und damit letztlich auch das richtige Verstehen des „Neuen" (Testaments) gefährden. Immer wenn im Christentum diese Charakterisierung der beiden Schriftteile dann noch auf die mit der Schrift verbundenen Religionen von Judentum und Christentum übertragen wurde nach der (für das Selbstverständnis des Christentums falschen) Formel Altes Testament = Judentum und Neues Testament = Christentum, hat dies schlimme und schreckliche Folgen nach sich gezogen. Von daher trägt der Begriff „Altes Testament" auch mit an der Last der Geschichte, und er ist wegen der oft mit ihm gesetzten Abwertungen auch zur Belastung des jüdisch-christlichen Gesprächs unserer Tage geworden.

Man hat deshalb vorgeschlagen, besser vom „Ersten Testament"[36] oder in Variationen – vor allen Dingen aus dem englisch-amerikanischen Sprachraum kommend – vom „First Testament" oder „Prime Testament", oder auch (in Auflösung des üblichen englischen Kürzels OT für Old Testament) vom „Original Testament" zu sprechen. Eine Reihe von kirchlichen Dokumenten nahm sich dieses Problems an und problematisierte den Begriff „Altes Testament". So schlägt die Landessynode der evangelischen Kirche im Rheinland 1980 vor, statt von Altem Testament von der „Hebräischen Bibel" zu spre-

---

[36] Zu diesen Vorschlägen und den damit verbundenen Fragen vgl. E. Zenger, Das Erste Testament a. a. O., 144–154.

chen. Die Generalsynode der reformierten Kirchen in den Niederlanden suchte schließlich 1983 bei einem diesbezüglichen Vorschlag auch den Begriff des „Testaments" zu ersetzen: „Dieses erste Buch, das von dem Bund berichtet, den Gott mit dem Volk Israel geschlossen hat (daher der Ausdruck „Erstes Bundesbuch") hat die Kirche bei ihrer Entstehung als Geschenk aus jüdischen Händen empfangen dürfen"[37]. Voll umfänglich wird der Begriff Altes Testament durch diese „Ersatzworte" aber nicht ersetzt, da die numerische Qualifizierung (Erstes, Zweites) offen ist für weitergehende Reihenbildungen, die der einmaligen und ausschließlichen Gegenüberstellung von Altem und Neuem Testament in der christlichen Bibel nicht entsprechen; ebensowenig geben die genannten Sprach- (hebräische) oder religionsspezifischen (jüdische) Bibel – Attribute Ursprung und Umfang des Alten Testamentes, als erster Teil der christlichen Bibel, präzise wieder, da Sprach- und Kanon-(Umfangs)probleme dem entgegenstehen.

Wie im vorliegenden Beitrag schon geschehen, könnte man den theologisch gefüllten, in bezug auf die genannten Sprach- und Kanonprobleme aber offenen Begriff „Bibel Israels"[38] benutzen, wenn man von der Heiligen Schrift sprechen will, die das Christentum zum *Alten Testament* seiner zweigeteilten Bibel gemacht hat. Das sprachliche Problem ist selbst kirchlichen Dokumenten, die bei der überkommenen Begrifflichkeit von Altem und Neuem Testament bleiben, wohl bewußt. Dies zeigt

---

[37] Zit. nach *R. Rendtorff/H. H. Henrix,* a. a. O. 519.
[38] Der hier vorgeschlagene Begriff „Bibel Israels" ist bewußt mehrdeutig und für verschiedene Konzeptionen und Konkretionen, jüdischer und christlicher Art von seinen beiden Begriffsteilen her offen, vgl. dazu *J. J. Petuchowski,* Art.: Bibel, in: *ders./C. Thoma,* Lexikon der jüdisch-christlichen Begegnung (Freiburg/Basel/Wien 1989) 47–51; *ders.,* Art.: Israel, ebd. 169–172.

etwa eine Fußnote in den von der Kommission für die religiösen Beziehungen zum Judentum im Vatikan herausgegebenen „Hinweisen für eine richtige Darstellung von Juden und Judentum in der Predigt und in der Katechese der katholischen Kirche vom 24. Juni 1985": „Im Text wird der Ausdruck *Altes Testament* weiterhin verwendet, weil er traditionell ist (vgl. schon 2 Kor 3,14), aber auch, weil ‚alt' weder ‚verjährt' noch ‚überholt' bedeutet. Auf jeden Fall ist es der *bleibende* Wert des Alten Testamentes als Quelle der christlichen Offenbarung, der hier unterstrichen werden soll (vgl. *Dei Verbum*, 3)"[39]. Daß dies alles im romanischen Sprachraum nicht in gleicher Weise problematisiert wird, hängt damit zusammen, daß hier sprachliche Differenzierungsmöglichkeiten bestehen; so denkt man beispielsweise beim französischen „Ancien (Testament)" eben nicht an das Negative von „alt" (was mit „vieux" in Verbindung steht).

Der Problematisierung des Adjektivs „alt" in der Gegenüberstellung von Altem und Neuem Testament wird allerdings keine entsprechende Behandlung des Adjektivs „neu" an die Seite gestellt; der schon erwähnte Synodalbeschluß „zur Erneuerung des Verhältnisses von Christen und Juden" der Synode der evangelischen Kirche im Rheinland von 1980 geht zwar an einer Stelle vom Adjektiv „neu" aus, behandelt es aber auch nur unter dem Gesichtspunkt der mit alt und neu verbundenen Wertungen und den daraus resultierenden Wirkungen: „Durch Jahrhunderte wurde das Wort ‚neu' in der Bibelauslegung gegen das jüdische Volk gerichtet: Der Neue Bund wurde als Gegensatz zum Alten Bund, das neue Gottesvolk als Ersetzung des alten Gottesvolkes verstanden. Diese Nichtachtung der bleibenden Erwählung Isra-

---

[39] Zit. nach *R. Rendtorff/H. H. Henrix*, a. a. O. 95.

els und seine Verurteilung zur Nichtexistenz haben
immer wieder christliche Theologie, kirchliche Predigt
und kirchliches Handeln bis heute gekennzeichnet. Dadurch haben wir uns auch an der physischen Auslö-
schung des jüdischen Volkes schuldig gemacht.

Wir wollen deshalb den unlösbaren Zusammenhang
des Neuen Testaments mit dem Alten Testament neu sehen und das Verhältnis von ‚alt‘ und ‚neu‘ von der Verheißung her verstehen lernen: als Ergehen der Verheißung, Erfüllung der Verheißung und Bekräftigung der
Verheißung; ‚neu‘ bedeutet darum nicht die Ersetzung
des ‚Alten‘. Darum verneinen wir, daß das Volk Israel
von Gott verworfen oder von der Kirche überholt sei"[40].
In Entsprechung zu diesem Befund werden auch bei den
vorgeschlagenen Ersetzungen des Begriffs „Altes Testament" nur selten konsequent Ersetzungen für den Begriff „Neues Testament" angeführt. So schlug zwar jener
amerikanische Forscher, der als einer der ersten die Bezeichnung „Erstes Testament" favorisierte, vor, vom
„First und Second Testament" (FT und ST) zu sprechen[41], und auch die zitierte Synode der niederländi-
schen reformierten Kirchen gab ihrem Ausdruck „Erstes
Bundesbuch" den des „Zweiten Bundesbuches" konsequent an die Seite, aber wirklich durchgesetzt haben sich
diese Begriffe nicht. Dies zeigt sich allein schon darin,
daß in vielen neueren – nicht nur fachwissenschaftli-
chen – Veröffentlichungen der Begriff „Erstes Testament" zwar auftaucht, aber der korrespondierende
Begriff „Zweites Testament" weder in fachwissenschaft-
lichen noch in populärwissenschaftlichen Veröffentlichungen begegnet. Dies mag damit zusammenhängen,

[40] Zit. nach R. Rendtorff/H. H. Henrix, a.a.O. 595.
[41] J. A. Sanders, First Testament and Second, BThB 17, 1987, 47–49.

daß die diesbezüglichen hermeneutischen Reflexionen und Diskussionen, wie bereits die damit aufs engste verbundene Kanondiskussion in Nordamerika und anderswo, vorwiegend von Alttestamentlern geführt werden[42]. Doch zeigt sich darin eine Bestätigung des Urteils von A. H. J. Gunneweg, der in der Einführung seiner „Hermeneutik" formuliert: „Ja, es ist keine Übertreibung, wenn man das hermeneutische Problem des Alten Testaments nicht bloß als ein, sondern als *das* Problem christlicher Theologie betrachtet, von dessen Lösung so oder so alle anderen theologischen Fragen berührt werden. Ist Auslegung der Heiligen Schrift wesentliche Aufgabe der Theologie und gilt die Schrift als Grundlage christlichen Lebens, Fundament der Kirche und Medium der Offenbarung, so ist die Frage, ob und warum die Sammlung israelitisch-jüdischer Schriften, die im Bereich der christlichen Kirche als Altes Testament bezeichnet wird, Teil und gar der umfangreichste Bestandteil des Schriftkanons sei und welche theologische Bedeutung ihm zukomme, von fundamentaler theologischer Relevanz. Sie betrifft ja den Umfang und damit zugleich auch qualitativ den Inhalt dessen, was als christlich zu gelten hat. Eine fundamentalere Frage läßt sich im Bereich der Theologie nicht stellen; ihre Beantwortung bestimmt selbst den Bereich, in welchem Theologie sich zu vollziehen hat!"[43].

Im Interesse am Verständnis der Einheit der zweigeteilten christlichen Bibel darf man demnach bei der Behandlung der Begrifflichkeit nicht bei der Frage nach dem „Alten" und dem Alten Testament stehenbleiben,

[42] Belege dazu finden sich bei *P. D. Miller, Jr.*, Der Kanon in der gegenwärtigen amerikanischen Diskussion, JBTh 3, 1988, 218 f.

[43] *A. H. J. Gunneweg*, Vom Verstehen des Alten Testaments. Eine Hermeneutik (ATD Ergänzungsreihe 5) (Göttingen ²1988) 7 f.

das *Ganze* der Begrifflichkeit muß geklärt werden und insofern auch das „Neue" und das Neue Testament.

Einige ganz profane Beispiele, kleine Texte aus der sogenannten Weltliteratur[44], können uns vielleicht sensibel werden lassen dafür, was auch bei dem – gerade in der Theologie – so viel strapazierten Begriff des „Neuen" alles so mitschwingen kann:

„Das Neue ist selten das Gute, weil das Gute nur kurze Zeit das Neue ist" (Arthur Schopenhauer)

„Es ist wunderlich mit der Tradition, sie ist ein Geheimnis, beinahe ein Sakrament. Man lernt eine Tradition kennen, knüpft sie vorläufig an Namen, Richtungen, Programme, folgt ihr eine Weile und sieht dann langsam mit den Jahren und Jahrzehnten, daß hinter allen diesen Namen und Richtungen, die man vielleicht längst abgetan hat, ein Geheimnis liegt, eine namenlose Erbschaft, die nicht bloß zur Romantik oder zu Goethe oder zum Mittelalter oder zur Antike, sondern bis in die ältesten Mythologien und Völkergedanken zurückreicht und die weit genug ist, die größten Gegensätze an Menschen wie an Programmen zu umfassen, nur eines nicht: Das unbedingt und ums Verrecken Neusein-Wollen" (Hermann Hesse).

„Die Mode ist die ewige Wiederkehr des Neuen" (Walter Benjamin).

„Das Alte wird nie alt, es wird nur alt das Neue" (Friedrich Rückert).

„Die neuen Behauptungen müssen die alten enthalten, ohne Bezug auf die alten sind sie nicht der Erfahrung einverleibbar" (Berthold Brecht).

---

[44] Die nachfolgenden Beispiele sind alle entnommen aus: Lektüre zwischen den Jahren. Altes und Neues, ausgewählt von *G. Honnefelder* (Frankfurt/Leipzig 1991), wo sich viele weitere instruktive Beispiele finden.

Was die Beispiele gut zu zeigen vermögen, was jedoch in der theologischen Diskussion um das Alte und Neue Testament nie gesehen wurde, ist das Faktum der möglichen „Negativ-Assoziation" beim Adjektiv „neu"; diese entsteht, wenn man genau hinsieht, immer dann, wenn das Neue auf Kosten des Alten zu profilieren versucht wird. Man kann „alt und neu" – so wie es meistens geschieht – als Oppositionspaar auffassen, dann werden allerdings all die bekannten „Oppositionen" aus dem einen und anderen abgeleitet und die von der jeweiligen Opposition provozierten und produzierten Wirkungen bleiben nicht aus; man kann „alt und neu" aber auch als *Korrelationspaar* auffassen, dann *funktionieren* semantisch beide nur noch in der Verbindung miteinander, das heißt im Sinne der entsprechenden Korrelationen. Aus „alt und neu" kann dann nicht mehr „das Alte" und „das Neue" werden, so daß es sich, jeweils verselbständigt, mit semantischem Eigengewicht beladen und belasten läßt; „neu" ist dann vielmehr etwas nur in bezug auf bereits Gegebenes, Bekanntes (das folglich „alt" ist). Als „alt" wiederum gilt dann etwas , von dem etwas anderes *abgesetzt* wird, was dann „neu" genannt werden kann; aber neu gerade nicht als das ganz andere, das Beziehungslose, sondern als das in Verbindung zu dem anderen Stehende.

Wir müssen also zuerst einmal die sooft gestellte, christliche Frage „Was ist neu am Neuen Testament?" in der Weise, daß wir nach „Überbietungen" suchen, aufgeben. Daß andererseits das Neue Testament deshalb noch nicht *identisch* mit dem Alten Testament ist, nicht dasselbe noch einmal mit anderen Worten sagt, sozusagen als „Zweitschrift" oder „Deuterographe", erkennt jeder an Form (zweiter Kanonteil) und Inhalt (von diesem „Jesus" ist zuvor keine Rede) sofort, so daß es nicht ei-

gens begründet werden muß. Folglich ist aber das Neue
des Neuen Testaments nur in dem zu finden, was „durch
Jesus von Nazareth in die Welt gekommen ist"[45]; er
selbst, der als Messias/Christus verkündigte Jesus, ist
das Neue.

Es muß also darum gehen, das Neue Testament aus
der Korrelation von „alt – neu" in der einen, zweigeteilten Bibel zu verstehen. Diese Korrelation enthält einige
Konstanten, die es für den „Verstehensprozeß" zu beachten gilt. Deren eine ist die *Ausschließlichkeit* der Beziehung zwischen beiden Größen: „alt und neu" lassen
keine dritte Bezugsgröße mehr zu! Die andere Konstante
ist durch die *Reihenfolge* gesetzt: „alt" geht immer vor-
aus und „neu" folgt immer nach! Als letztes ist sodann
eine inhaltliche Konstante zu greifen: Die Charakterisierung von „alt und neu" setzt etwas *Gemeinsames,* ein
verbindendes Element, das alt und neu sein kann, vor-
aus.

Für unser Verstehen der christlichen Bibel als Heiliger
Schrift Alten und Neuen Testaments bedeutet dies, daß
es für den ersten Teil dieser Schrift ein *doppeltes Verständnis* gibt, nämlich dasjenige, das diesen Teil als
„Voraussetzung" des zweiten Teils, also ohne diesen,
selbständig und allein liest, und ein anderes, das diesen
ersten Teil in Verbindung mit dem zweiten liest.

Damit logisch verbunden ist, daß es für den zweiten
Teil kein separates und selbständiges Verständnis in Entsprechung zum ersten geben kann, stattdessen muß die
„theologische Kontinuität" mit dem ersten Teil *immer*
eingeholt werden. Dieses *doppelte Verständnis* bedingt
auch ein *doppeltes Lesen* des Alten Testaments: zuerst

---

[45] *F. Mußner,* Was ist durch Jesus von Nazareth Neues in die Welt gekommen? Die Antwort des Neuen Testaments, in: *Ders.,* Die Kraft der
Wurzel. Judentum – Jesus – Kirche (Freiburg/Basel/Wien 1987) 150.

der Leserichtung folgend das Alte Testament ganz allein, dann, beim Neuen Testament angelangt, geradezu nochmals (siehe unten).

Nur auf dieses „zweite Verstehen" bezieht sich übrigens die bekannte und viel zitierte Formel des Hl. Augustinus: Im Alten (Testament) ist das Neue (Testament) verhüllt, und im Neuen (Testament) ist das Alte (Testament) enthüllt. Diese Formel entwirft keineswegs eine generelle *gesamtbiblische Hermeneutik,* sondern sie tritt, was zumeist übersehen, aber vom Kontext eindeutig angezeigt wird, einer üblichen Abwertung des Alten Testaments gegenüber dem Neuen dadurch entgegen, daß sie beim spezifischen christlichen Blick auf die Bibel fordert, die „*verborgene" Anwesenheit* des Neuen Testaments im Alten in gleicher Weise zu beachten, wie die „*offenbare" Anwesenheit* des Alten Testaments im Neuen. Dies erkennt allein schon, wer die Stelle exakt zitiert, denn sie lautet: „...quamquam et in vetere novum lateat et in novo vetus pateat" („...obgleich doch auch im Alten [Testament] das Neue [Testament] verborgen und auch im Neuen [Testament] das Alte [Testament] offenbar ist)"[46].

Der traditionelle Grundsatz „Das Alte Testament ist im Lichte des Neuen Testamentes zu lesen" muß folglich (im Sinne des im vorliegenden Kapitel zu Anfang

---

[46] Die Stelle findet sich im Kommentar zu Ex 20,20 (Quaest. in Hept. VII, 73 – CSEL 28/2, 141), wo Augustinus den Negativ-Positiv-Charakterisierungen in bezug auf AT und NT das Zitierte entgegenhält; dies steht ganz im Dienste seiner Sorge um die Einheit und Ganzheit der Bibel, vgl. dazu *J. Niewiadowski,* Die Sorge um die ganze Bibel. Augustinus' Bemühung um den biblischen Gott des Zornes, BiLi 59, 1986, 238–246, sowie zum Verständnis der Einheit der beiden Testamente bei Augustinus *G. Strauss,* Schriftgebrauch, Schriftauslegung und Schriftbeweis bei Augustinus (Beiträge zur Geschichte der biblischen Hermeneutik 1) (Tübingen 1959) 68–73.

Gesagten aufgrund der durch Anordnung und Benennung in der einen Schrift aus zwei Teilen gesetzten Verstehensvorgabe) umgekehrt werden: *Das Neue Testament ist im Lichte des Alten zu lesen.* Diego Arenhoevel radikalisiert diese Forderung geradezu, wenn er die Möglichkeiten einer *falschen Hermeneutik* aufzeigt: „In der Tat ließe sich aus dem Neuen Testament allein manche Häresie ableiten, wenn man es nicht im Lichte des Alten sieht"[47]. *Als* Altes Testament ist die Bibel Israels selbst aber sodann aus der Verbindung mit dem Neuen Testament zu verstehen.

An einem Zentralthema konkretisiert heißt das, Altes und Neues Testament reden vom Messias, das Neue Testament jedoch in der Weise, daß es Jesus von Nazaret als Messias verkündigt. Diese Verkündigung ist nur zu verstehen, wenn *zuvor* das gelesen und verstanden wurde, was im Alten Testament, der Bibel Israels, von dem Messias gesagt wird; *sodann* führt die Verkündigung des „Jesus ist der Messias" dazu, die alttestamentliche Rede vom Messias „christlich", das meint in der Perspektive des Christus Jesus, zu lesen. Der daraus sich ergebende „zweifache Gang durch das Alte Testament" ist im frühen Christentum, wie noch zu zeigen ist, fest verankert und kann im heutigen Christentum nur unter Verlust des Verständnisses der ganzen Bibel aufgegeben werden, so daß für uns auch beim Lesen der Bibel gilt: Wer den zweiten Schritt vor dem ersten macht, strauchelt, und wer den zweiten Schritt ohne den ersten zu machen versucht, tritt auf der Stelle.

Das, was am Beispiel der Messiasthematik vielleicht noch als Möglichkeit erscheint, nämlich vom Neuen Te-

---

[47] *D. Arenhoevel*, Was sagt das Konzil über die Offenbarung? (Mainz 1967) 85.

stament her das Alte Testament zu lesen, entfällt natürlich gänzlich bei all den vielen Themen, die nur im Alten Testament und gar nicht im Neuen Testament auftauchen. Dieses große „Plus" des Alten Testamentes[48] läßt sich für uns Christen hermeneutisch nur aus der Verstehens*richtung*, die die Bibel vorgibt, voll erfassen. Im Lichte des Neuen Testaments gelesen läßt sich also das Alte Testament keineswegs *als Ganzes* verstehen[49]; auch deshalb müssen wir Christen unsere Heilige Schrift – wenn wir sie ganz verstehen wollen – richtig von vorne lesen (lernen).

Christliche Theologie von der Ur-Kunde des Glaubens her – also als „schriftgemäße"[50] – ist nur in der Weise, wie die Einheit der ganzen Bibel sie vorgibt, als *christliche* Theologie zu entwickeln. Die hier angedeuteten Konsequenzen für das christliche Bibelverständnis mögen manchem Zeitgenossen als revolutionäre Neuerung erscheinen, aber es ist letztendlich die Hermeneutik der Bibel selbst, und diese Hermeneutik wird vom frühchristlichen Umgang mit der Bibel bestätigt. Das gilt es abschließend kurz zu beleuchten.

Es bedarf nach allem, was gesagt wurde, einer „Umkehr" beim christlichen Lesen und Verstehen der Heili-

---

[48] Vgl. *H. Haag*, Das Plus des Alten Testaments, in: *ders.*, Das Buch des Bundes. Aufsätze zur Bibel und zu ihrer Welt (Düsseldorf 1980) 289–305.

[49] In diese Richtung denkt auch *J. Barr*, Alt und Neu in der biblischen Überlieferung. Eine Studie zu den beiden Testamenten (München 1967) 134 f.

[50] Der Ruf nach einer der Bibel gemäßen Darlegung systematisch-theologischer Fragen, also einer schriftgemäßen Theologie, ist im Kontext des Zweiten Vatikanischen Konzils innerhalb der katholischen Theologie immer lauter geworden. Exemplarisch sei hier nur verwiesen auf den instruktiven Sammelband von *H. Vorgrimler* (Hg.), Exegese und Dogmatik (Mainz 1962) sowie *K. H. Neufeld*, Die Schrift in der Theologie Karl Rahners, JBTh 2, 1987, 229–246.

gen Schrift, vor allem in der Weise, daß wir Christen nicht länger beim letzten Fünftel der Schrift einsetzen dürfen oder uns gar auf diesen Teil beschränken können. Die christliche Bibel Alten und Neuen Testaments will und muß vom Alten Testament zum Neuen Testament hin gelesen werden; eine für *ein Buch* geradezu selbstverständliche Forderung, die aber nur das – und dies muß immer wieder betont werden – aufnimmt, was in der Bibel selbst angelegt ist. Dies findet sich beispielsweise aber auch schon bei Ambrosius von Mailand (334–397), der Wert darauf legt, daß die Schrift, die er mit einem Meer vergleicht, in der rechten Reihefolge getrunken wird. Bei ihm finden wir den schon zitierten Hinweis auf die richtige Reihenfolge von Altem und Neuem Testament. Ambrosius verbindet an der betreffenden Stelle jedoch diese Reihenfolge vom Alten zum Neuen Testament mit einem „sogleich" („cito fac"), wohl um anzuzeigen, daß bei der Auslegung, die für Ambrosius vor allen Dingen allegorisch ist, die Aussagen beider Testamente geradezu *nebeneinander* stehen[51]. Deutlicher wird der Hinweis auf eine „zweifache Leseweise" des Alten Testamentes in der Beschreibung der Katechumenatspraxis und Taufliturgie der Jerusalemer Kirche im vierten Jahrhundert durch die bekannte „Pil-

---

[51] „Dadurch, daß das Trinken des AT als ein Prozeß der Umkehr und Läuterung, als eine Vorbereitung auf das Trinken des NT dargestellt wird, erscheint dieses Trinken des NT als allegorische Umschreibung für das neue Leben, in das der Gläubige durch die Taufsakramente hineingenommen wird." Daß diese von *C. Jacob* (a. a. O., 227) gebotene Deutung nicht alle Aspekte abdeckt, macht vor allem der Imperativ „trinke" in bezug auf das Wort Gottes mit dem Hinweis auf „seine", d. h. die richtige Reihenfolge deutlich („Sed ordine suo" Expl. ps. I,33; CSEL 64, 30, zum Gesamtzitat s. o. Anm. 6); denn im Sinne der Sakramentenpastoral und auf dem Hintergrund der Probleme des Taufaufschubs kann das „Trinken" beider gefordert werden, jedoch sinnvollerweise nicht als Beachtung der richtigen Reihenfolge.

ger-Nonne" Etheria. Sie erwähnt, daß der Bischof beim Unterricht in vierzig Tagen alle Schriften durchläuft, zuerst sie wörtlich ausdeutend, dann sie geistig auslegend. Dies heißt doch wohl, daß das Alte Testament zuerst für sich allein gelesen wurde und dann erst in christlicher Interpretation ("geistig auslegend") erneut [52]. Auch und gerade schon Origenes (185–254) hat bei seinen Gedanken zur Einheit der beiden Testamente Wert auf das Hintereinander beider als Voraussetzung des richtigen Verstehens gelegt: "Das Gesetz geistlich verstehen heißt also ,vom Alten Testament zum Neuen übergehen'; es heißt ,die Ordnung des Glaubens' beachten, die von der Geschichte zum Mysterium geht" [53]. Im Zusammenhang der verschiedenen Schriftsinne kommt die "Folge" nochmals zum Ausdruck: "Jedesmal also, wenn es möglich ist, ,soll der Text der Geschichte uns zuerst erbauen' (...) Man wird ihn ,*spiritualiter*' erst dann auslegen, wenn man ihn zunächst ,*simpliciter*' gedeutet hat" [54].

Nicht zuletzt wird die sich daraus ergebende Sichtweise des Verhältnisses von Altem und Neuem Testament auch durch die christliche Liturgie bestätigt, was Norbert Lohfink in seinem Büchlein "Das Alte Testament christlich ausgelegt" eindrucksvoll vor Augen führt, wenn er im Anschluß an seine Entfaltung des Gedankens der "Auslegung der Bibel durch die Liturgie der Osternacht" sich dem Neuen Testament als Kommentar des Alten zuwendet. Da diese Kleinschrift von Norbert

---

[52] In der Peregrinatio 46,2 heißt es, daß der Bischof "percurret omnes scripturas primum exponens carnaliter et sic illud soluens spiritualiter". Den Hinweis auf diese Stelle und auch ihre Deutung verdanke ich Herrn Kollegen Norbert Brox, Regensburg.

[53] *H.de Lubac,* Geist aus der Geschichte. Das Schriftverständnis des Origenes (Einsiedeln 1968) 202.

[54] Ebd. 121

Lohfink nur sehr schwer zugänglich ist, die dort zu findenden Gedanken aber vortrefflich in das hier Dargelegte passen, sei das entsprechende Kapitel vollständig
zitiert:

„Natürlich kann dieser im Gottesdienst entspringende Umgang mit der Bibel nun auch erklärend entfaltet werden. Die Bibelauslegung der Theologen des ersten
christlichen Jahrtausends und noch weit ins Mittelalter
hinein war meistens von dieser Art. Man betrachtete die
biblischen Bücher niemals als Bücher von ehemals. Sie
galten immer als Spiegel des eigenen Heute.

Es gab auch eine Theorie für diese Art, mit der Bibel
umzugehen. Man unterschied die ‚historia‘ von der ‚allegoria‘. Unter ‚historia‘ wurde der ursprüngliche Sinn
eines Textes verstanden, der Sinn von damals, als der
Text entstand, bei den Leuten, für die er entstand. Doch
alles kam darauf an, daß aus dem Wort von damals ein
Wort für heute wurde.

Als der junge Antonius im Gottesdienst die Verlesung
des Evangeliums vernahm, vernahm er zunächst eine
‚historia‘ von damals. Jesus sagte zu einem jungen Mann:
‚Verkaufe alles, was du hast, gib den Erlös den Armen
und folge mir nach!‘ Doch diesem Antonius drang das
Wort des Herrn von damals ins Herz. Es wurde zur ‚allegoria‘. Es sprach zu ihm selbst, er ließ alles hinter sich
und begann in der Wüste Ägyptens ein neues Leben.
Hier war ein Funke übergesprungen.

Ein solcher Funke mußte immer wieder überspringen.
Der Zusammenhang mit den Erfahrungen der jetzt Angeredeten mußte aufleuchten. Eine Brücke mußte gebaut werden. Diese Brücke nannte man die ‚allegoria‘.

Das Wort hat so gut wie nichts mit unserem deutschen Wort ‚Allegorie‘ zu tun. Es meinte das Durchsichtigwerden des Alten Textes auf die Situation von heute.

Deshalb galt auch ein Text noch nicht als wirklich erklärt, wenn sein Wortsinn nach allen Regeln der Kunst
aufgeschlossen war. Er galt erst dann als erklärt, wenn
der Erklärer die ‚historia‘ hinter sich gelassen hatte und
bei der ‚allegoria‘ angekommen war. Im Grunde betrachtete man das Neue Testament selbst schon als die erste
große ‚allegoria‘. Die eigentliche Bibel war das Alte Testament! Das Neue Testament war nur ihr erster Kommentar. Es war ein unentbehrlicher Kommentar, aber es
war ein Kommentar. Wenn im Neuen Testament selbst
von den Heiligen Schriften die Rede ist, sind immer nur
die Bücher des Alten Testaments gemeint. In diesen Büchern steht die Geschichte Israels, spiegeln sich die Leiden und Freuden des Gottesvolkes, stehen seine Gebete,
die Anklagen und die Hoffnungsentwürfe seiner Propheten. Dann kam, mitten in Israel, der Mensch Jesus von
Nazareth. Er trat auf, verkündete, daß jetzt die Hoffnungen sich zu erfüllen begannen, schuf um sich eine Welt
des Wunders, löste zugleich immer stärker deren Widerstand aus, wurde verfolgt und getötet, erschien dann
aber den Seinen als Lebender, und was er begonnen
hatte, ging weiter in der Kraft seines Geistes. Aus diesem
Erleben heraus entstand in den frühen christlichen Ge-
meinden das Neue Testament: die Evangelien, die Apostelgeschichte, die Briefe, die Apokalypse des Johannes.
Alle diese Schriften geben zu den Schriften Israels, die
damals schon als Heilige Schriften in den Synagogen gelesen wurden, im Grunde nur einen einzigen Kommentar: Was Gott bisher in Israels Geschichte gewirkt hat, ist
im Geschick Jesu von Nazareth, des Sohnes Gottes, an
seinen Höhepunkt gekommen. Was die Propheten an
Zukunft entworfen haben, beginnt seit Jesus und von
Jesus aus, sich zu erfüllen. Nichts, was Israel bisher er-
fuhr, ist verloren aber alles tritt erst in sein volles Licht,

wenn man darauf setzt, daß Gottes Geschichte nun bei Jesus weitergeht und bei denen, die sich ihm angeschlossen haben, Juden wie Heiden. Allein das sagt eigentlich das Neue Testament, vom einen Ende zum anderen.

Dieser Sachverhalt spiegelt sich übrigens auch in der Reihenfolge der biblischen Lesungen in den christlichen Gottesdiensten. Das zeigt der Vergleich mit der Reihenfolge der Lesungen im Gottesdienst der Synagoge, wo der christliche Gottesdienst ja entsprungen ist.

In der Synagoge gilt als eigentliche Heilige Schrift im strengsten Sinne nur die Tora. Das ist der Pentateuch, auch die ‚Fünf Bücher Mosis‘ genannt, von der Schöpfung der Welt bis zum Tod des Mose, an der Grenze zum verheißenen Land. Der Hauptinhalt der Tora ist die am Sinai dem Volk gegebene Sozialordnung. Die Lesung aus der Tora steht in der Synagoge immer an erster Stelle. Dann folgt, als Kommentar dazu, eine zweite Lesung aus den auf die Tora folgenden Büchern des Alten Testamentes: aus den weiteren Geschichtsbüchern oder den Büchern der Propheten.

Man würde nun doch erwarten, daß die Christenheit an die erste Stelle die Lesung aus den Evangelien gesetzt hätte, weil diese von Jesus Christus erzählen, und daß dann, gewissermaßen als Kommentar, Lesungen aus den anderen Büchern der Bibel gefolgt wären. Das ist aber nicht der Fall. Die Christenheit blieb bei der alten jüdischen Ordnung.

An die erste Stelle, da wo die Lesung der Bibel im strengsten und eigentlichen Sinn zu stehen hat, tritt nun nicht mehr allein die Tora, sondern das ganze Alte Testament. Zumindest ist das dort der Fall, wo die volle Leseordnung durchgehalten wird – bei uns Katholiken wieder seit der nachkonziliaren Liturgiereform. Dann kommen, gewissermaßen als Kommentare dazu, Lesungen aus dem Neuen Testament. Zunächst meist aus den Paulusbriefen: Das sind eher theologische Kommentare. Dann aus den vier Evangelien: Diese erzählen von dem Faktum, das alle Erfahrungen Israels nach christlichem Verständnis letztlich entschlüsselt und deutet, vom Leben und Sterben Jesus von Nazareth.

Irgendwie gipfelt hier alles. Zugleich aber – von der Anordnung der Lesungen her gesehen – ist das eigentlich nichts als ein Kommentar zu dem, was aus der Bibel Israels in der ersten, alttestamentlichen Lesung vorgetragen wurde. Die christiche Liturgie selbst führt uns also vor Augen: Das Neue Testament ist die erste und grundlegendste christliche Auslegung des Alten Testaments."[55].

5. Die christliche Versuchung zur „Bibelhäresie"

Positiv hat N. Lohfink im obigen Zitat auf den liturgischen Ort der alttestamentlichen Lesungen hingewiesen, jedoch ergibt ein Blick in die heutige katholische Praxis, daß das Anliegen der Liturgiereform in diesem Punkt in keiner Weise verwirklicht worden ist[56]. Aus der Folge der drei Lesungen werden in den allermeisten Fällen zwei ausgewählt, die dann oft beide aus dem Neuen Testament stammen[57]; selbst wenn aber die alttestamentli-

[55] *N. Lohfink,* Das Alte Testament christlich ausgelegt. Eine Reflexion im Anschluß an die Osternacht (Freising 1988) 21–26.
[56] Bezeichnenderweise wird dieses Problem nicht einmal in dem so vielfältige Aspekte reflektierenden Sammelband im Rückblick auf die Liturgiereform thematisiert, vgl. *H. Becker/B. J. Hilberath/U. Willers* (Hg.), Gottesdienst – Kirche – Gesellschaft. Interdisziplinäre und ökumenische Standortbestimmungen nach 25 Jahren Liturgiereform (St. Ottilien 1992).
[57] Eingehend und instruktiv wird das Problem – vor allem im Hinblick auf seine Folgen – behandelt von *M. Limbeck,* Wer Israels Glauben nicht kennt. Die folgenschwere Vernachlässigung des Alten Testa-

che Lesung vorgelesen wird, gerät sie spätestens bei der Predigt wieder in völlige Vergessenheit. Natürlich vereinfacht sich der Prediger durch diese Auswahl die Sache sehr, denn er braucht sich nicht mehr dem hermeneutisch schwierigen Brückenschlag zwischen den Testamenten zu stellen, sondern verbleibt im scheinbar sicheren Binnenraum des Neuen Testamentes. Daß die eher assoziative Auswahl der alttestamentlichen Lesungen im Lektionar, die oft gegen alle *biblische Logik* vom Thema des jeweiligen Evangeliums her via Stichwortassoziation geleitet wird, diese „Häresie der Praxis", wenn man das beharrliche „Auswählen und Bevorzugen" des Neuen Testamentes in diesem Bereich einmal so bezeichnen darf[58], geradezu begünstigt oder sogar fordert, darf nicht verschwiegen werden.

In diesen Bereich der „Häresien" gehört auch die heutzutage vielerorts anzutreffende Vermengung der Lichtfeier mit dem Wortgottesdienst in der Osternacht; die „Häresie der Symbolik" stellt sich in der Form ein, daß die alttestamentlichen Lesungen der Osternacht in der dunklen Kirche verlesen werden, während dann die neutestamentlichen im Anschluß an die Lichtfeier in der *erleuchteten Kirche* folgen.

Aber diese sich in der kirchlichen Praxis zu Wort meldende „Bibelhäresie" hat noch tiefere Wurzeln und auch weitaushängende Äste. Die christliche Theologie – und hier die katholische weitaus stärker als die evangelische

ments in der kirchlichen Verkündigung, in: *Katholisches Bibelwerk* (Hg.), Dynamik im Wort. Lehre von der Bibel – Leben aus der Bibel (Stuttgart 1983) 297–311; sodann auch bei *E. Zenger,* Die Jüdische Bibel – unaufgebbare Grundlage der Kirche, in: *H. Flothkötter/B. Nacke* (Hg.), Das Judentum – Eine Wurzel des Christlichen. Neue Perspektiven des Miteinanders (Würzburg 1990) 57–85.

[58] Zum „Häresie"-Begriff und zur „Häresie"-Frage im vorliegenden Zusammenhang siehe oben, S. 9 f.

– hat sich sehr stark von einer Dogmatik bestimmen lassen, die das Zentrum ihrer christlichen Prägung ausschließlich im Neuen Testament zu finden glaubte. Die zahllosen, immer wieder neuen Versuche, das Alte Testament vor der „Uneigentlichkeit" zu retten [59] oder seine theologische Bedeutung für den christlichen Glauben zu erheben, bestätigen nur das eingegrenzte Blickfeld auf das Neue Testament.

Man könnte zahlreiche Punkte nennen, wo im Christentum die Einheit und Ganzheit der Schrift nicht wahrgenommen wird, ein ausgewogenes Verhältnis zwischen den vier Fünfteln des ersten Kanonteils der Bibel und dem letzten Fünftel im zweiten Kanonteil nicht einmal angezielt wird; die Verteilung von Inhalten und Stunden zwischen Altem Testament und Neuem Testament in Studien- und Lehrplänen von Schulen und Universitäten geben hier ein beredtes und eindeutiges Zeugnis.

Eine das Christentum tief prägende „Häresie" in diesem Zusammenhang ist die der christlichen Buchverlage, durch die die *eine* Heilige Schrift in zwei Teilen dann auch in zwei – oder gar mehr – Schriften getrennt wird. Man kann hier natürlich einwenden, es seien lediglich praktische Gründe, die zur Herstellung einer separaten Ausgabe des Alten Testamentes und einer separaten Ausgabe des Neuen Testamentes führen, aber die Wirkungen im Sinne der „Auswahl" erlebt fast jeder, der christliche Bildungs- oder Hospizhäuser besucht, wo er dann auf seinem Zimmer keine christliche Bibel mehr

---

[59] Vgl. dazu etwa *M. Peek-Horn,* Warum haftet eigentlich dem Alten Testament ein Makel des Uneigentlichen an?, Religionsunterricht an höheren Schulen 34, 1991, 227–232; *W. H. Schmidt,* Einführung in das Alte Testament (Berlin/New York ⁴1989)(§ 32: „Für und wider das Alte Testament).

findet, sondern lediglich ein Buch, *das kein Buch ist,*
weil es niemals als selbständiges Buch gedacht worden
war und auch nie so bestanden hat: nämlich eine Ausgabe des Neuen Testaments allein. Noch weitergehende
buchtechnische Verlegenheitslösungen, wie zum Beispiel „Neues Testament mit Psalmen" oder andere will-
kürliche Kombinationen zeigen den „häretischen Charakter" solcher Bibelausgaben allzu deutlich an, und sie
sind nicht allzu weit entfernt, von jenen Ausgaben, die
schon im Titel den „Häresie"-Anklang selbst angeben,
den sogenannten „Auswahlbibeln". Auf der „häretischen Linie" solcher Auswahlbibeln liegen auch moderne Konzepte von „Minibibel", „gereinigter Bibel"
oder auch „Was in der Bibel wichtig ist".

Es geht aber bei der Wahrnehmung der Heiligen
Schrift in der Kirche um deren, der Kirche, eigene *Wahrheit,* und insofern sind all die aus praktischen, traditionellen oder didaktischen Gründen geforderten Verkür-
zungen dieser Wahrheit von der Einheit der ganzen
Bibel her wirklich als „Häresie" zu bezeichnen. Die
„halbe Wahrheit", die jede christliche Auswahl – auch
schon bei dem, was zwischen zwei Buchdeckel gebunden
wird! – in bezug auf die Bibel darstellt, steht fraglos immer in der Gefahr, zur „gefährlichen Lüge" im Sinn des
zur Eröffnung des ersten Kapitels zitierten jüdischen
Sprichwortes zu werden, weil es nicht um ein bißchen
mehr oder weniger Bibel geht oder um mehr oder weniger Wichtiges in dieser, sondern um den christlichen
Glauben selbst, der nur auf der Basis der Einheit der ganzen Bibel gefunden werden kann. „Sobald die Frage der
Trennung des Alten vom Neuen Testament grundsätzlich gestellt wird (...), lehnen wir sie aus dem Glaubens-
instinkt heraus ab. Praktisch aber handeln wir doch so,
als ob es auch ohne das AT gehe. Allein jedes Beiseite-

schieben des AT geht auf Kosten unseres Glaubens und unserer Verkündigung des Glaubens von Jesus als dem Christus. Denn der Glaube an und die Glaubensverkündigung von Jesus als dem Christus steht und fällt mit dem AT[60].

Die Kirche hat zwar mit Marcion im zweiten Jahrhundert die Ablehnung des Alten Testamentes verworfen, aber da sie es bis heute unterlassen hat, ein Verständnis der Besonderheit ihrer zweigeteilten Heiligen Schrift in ihrer Lehre zu thematisieren – auch das noch eigens zu behandelnde Votum des II. Vatikanums für die Einheit der ganzen Schrift (siehe unten IV) greift in bezug auf diese Besonderheit zu kurz – , hat sie es bis heute niemals geschafft, mehr oder weniger offenkundigen marcionistischen Ansätzen, wie auch das nachfolgende Beispiel sie vorbringt, zu begegnen.

Der Wissenschaftsjournalist Hans Maduk äußert in seinem Buch „Tod ohne Moral. Gott Jahwe und Prophet Ezechiel", das im Verlag „Mehr Wissen" erschienen ist und mit viel Phantasie, unbegründeten Behauptungen und wenig Wissen religionswissenschaftliche und theologische Informationen durcheinanderwirft, immer wieder seinen Unmut gegenüber dem Alten Testament: Aufgrund des gesamten Niveaus dieses Buches wäre das nicht einmal eine Randbemerkung wert, wenn es nicht radikalisiert formulieren würde, was viele Christen unreflektiert bei ihrem Umgang mit der Bibel als Haltung in sich tragen. Nur deshalb sei an dieser Stelle aus dem genannten Buch etwas ausführlicher zitiert, gleichermaßen als Hilfe zur *christlichen Gewissenserforschung in bezug auf die ganze Bibel*: „Bittere Zweifel am

---

[60] *J. R. Geiselmann,* Jesus der Christus. Die Urform des apostolischen Kerygmas als Norm unserer Verkündigung und Theologie von Jesus Christus (Stuttgart 1951) 16.

Alten Testament hegen jene, die in ihm auf der Suche nach dem gütigen und weisen Gottvater sind. Sie vermissen das mütterliche und den durchgreifenden Trost, das Menschliche, Herzliche. Findige Bibelwissenschaftler und auslegungsbegabte Theologen haben zwar ein paar mickrige Stellen im Alten Testament entdeckt, die das Menschliche an Jahwe unter Beweis zu stellen scheinen, und meist genügt da ein simpler Hinweis dergestalt, daß Jahwe durch Ezechiel sagen ließ: ‚Ich habe kein Wohlgefallen am Tode.' Daß aber derselbe Gott sein blinkendes Schwert auch gegen Gerechte metzeln ließ, nur weil sie nicht an ihn glaubten, bleibt dabei unerwähnt.

Dieser hier nur beispielhaft dargestellt Widerspruch zieht sich wie ein roter Faden durch das ganze Alte Testament, so daß der aufmerksame, kritische Bibelleser mit Recht die Frage nach der inneren Ordnung dieses Buches stellen darf.

Den von Zweifeln geplagten Suchenden sei als Trost mit auf den Weg gegeben, daß das Alte Testament zwar von Werken, Gesetzen und Opfern spricht, mit denen man Gott gefallen kann; das Neue Testament aber redet von ‚Christus als einzigem Weg', auf welchem den Menschen Rettung zuteil wird. Das Alte Testament spricht von Gottes Segen in dieser Welt, aber das Neue Testament lenkt den Blick von ihr weg in die Welt der Seligkeit. Angesichts der uns noch näher vertraut werdenden Greuel im Buch Ezechiel sollten wir deshalb dankbar sein, daß wir mehr als diese alttestamentliche Reliquie besitzen, nämlich das Neue Testament. Wer beim Lesen des Alten Testaments Hemmungen empfindet und seinen Weg zu Gott durch dieses Buch erschwert sieht, denn wer mag schon einen blutbesudelten Jahwe lieben, der lasse es beiseite und nehme das Neue Testament zur

Hand, forsche darin und stelle sich ganz auf das Bild eines vergeistigten Jesus ein.(...)

Doch warum hat die autorisierte katholische Kirche nicht den Mut, sich zu einer sauberen Fassung zu entschließen, in der von einem Kinder- und Gerechtenmörder Jahwe, der die in seinem Namen Erschlagenen zuhauf um die Altäre stapelt, nichts mehr zu lesen ist? Und der moderne, gebildete Mensch lächelt auch nur, wenn er die Erzählung Elisas vom eisernen Beil liest, das dieser auf dem Wasser schwimmen läßt. Und was soll die Geschichte jener Eselin, die ihren Mund öffnet und sagt, daß ein Mensch drei Tage lang im Leib eines großen Fisches geweilt habe und lebendig wieder herausgekommen sei!

Und wenn später der Blick auf andere Religionen gerichtet wird und dazu bestimmte Bibelstellen zitiert werden, dürfte so mancher Gläubige sich sehnlichst wünschen, Rom möge zur Tat schreiten und mit der Eliminierung ‚dubioser Menschenworte‘ beginnen, Worte und Gedanken zu streichen, die von machtbesessenen Politikern in Priestergewändern ein ‚göttliches Vorzeichen‘ bekommen haben. Zu dieser Kategorie biblischer Darstellungen gehört auch das Buch Ezechiel, dessen vulgäre, abstoßende Drohaussagen vom Jerusalemer Tempelpersonal mit ein paar mühsam glättenden Heilsweissagungen aufpoliert und so für den eingeschränkten synagogalen Gebrauch präpariert worden waren."[61]. So weit das Zitat, dem vielleicht nur noch die Frage hinzuzufügen ist, ob es wohl Zufall war, daß der Verlag für den Schutzumschlag des Buches einen auf dem Kopf stehenden Abschnitt aus der Jesajarolle von

---

[61] *H. Maduk*, Tod ohne Moral. Gott Jahwe und Prophet Ezechiel (Düsseldorf 1986) 90–92.

Qumran benützte. Hier fände der des Hebräischen kundige Leser übrigens schon etwas von dem, was der Autor des Buches im Alten Testament vermißte, heißt es doch: „... das Gras verdorrt, die Blume verwelkt, doch das Wort unseres Gottes bleibt in Ewigkeit... wie ein Hirte führt er seine Herde zur Weide, er sammelt sie mit starker Hand. Die Lämmer trägt er auf dem Arm, die Mutterschafe führt er behutsam. ... Wer bestimmt den Geist des Herrn? Wer kann sein Berater sein und ihn unterrichten?" (Jes 40, 7 ff.).

Zum Glück, muß man sagen, hat die Kirche offiziell solchen marcionistischen Vorwürfen, Versuchen und Forderungen immer widerstanden, aber in ihrer kirchlichen Praxis und auch in der theologischen Lehre war sie doch stets gefährdet, derartigen Häresien nachzugeben oder unbehelligt wirken zu lassen. Die christliche Dogmatik ist auch deshalb voll von „Bibelhäresien", weil sie mit schier unbelehrbarer Beharrlichkeit fast immer das Neue Testament aus der ganzen Heiligen Schrift „auswählte", um das, was ihr als Christliches galt, biblisch zu begründen[62]. Die einzige klare Ausnahme von dieser Verdrängung des Alten Testamentes bildet die Schöpfungslehre; diese Ausnahme ist von besonderer Bedeutung, weil manch christlicher Alttestamentler, gerade von seinem Engagement für das Alte Testament her, moniert, daß lediglich das Bekenntnis zum Schöpfergott als Hinweis auf das Alte Testament ins christliche Credo eingegangen sei[63]. Ein jedes Plädoyer für die Notwendig-

---

[62] Die diesbezüglichen Probleme hat in verschiedensten Arbeiten *M. Oeming* aufgegriffen, vgl. z. B. in: Biblische Theologie – Was folgt daraus für die Auslegung des AT?, Der Evangelische Erzieher 37, 1985, 233–286; oder in: Unitas Scripturae, Eine Problemskizze, JBTh 1, 1986, 48–70.

[63] Vgl. z. B. *M. Görg*, Christentum und und Altes Testament, JBTh 6, 1991, 5: „Im sogenannten ökumenischen Credo der Christen kommt

keit der Einheit und Ganzheit der christlichen Bibel darf
deshalb nicht bei der Frage der Verbindung von Altem

das *Alte Testament* nicht vor." Das hier thematisierte Defizit basiert
jedoch auf einem unzulänglichen und nicht tragfähigen Vergleich
zwischen dem christlichen Credo und Dtn 26, 5b-9; denn der zuletzt
genannte Text kann über seine klassisch gewordene Benennung als
„heilsgeschichtliches Credo" zum Gegenüber des christlichen Glaubensbekenntnisses kaum gemacht werden, da zwischen beiden Texten literarische (gattungsmäßige) unüberbrückbare Klüften aufbrechen. Wollte man christliche Vergleichstexte zu Dtn 26 suchen,
müßte man vielleicht Texte wie 1 Kor 15, 3ff. u.ä. heranziehen und
könnte dann sicherlich viel mehr Gemeinsamkeiten feststellen; demgegenüber ist das christliche Glaubensbekenntnis eine systematisch
orientierte Kurzfassung des Glaubensgutes, die sehr verschiedene
christliche Glaubenserfahrungen (nicht problemlos) integriert hat.
Aber gerade in diesen christlichen „Kurzformel des Glaubens" kommt
das Alte Testament sehr wohl vor und spielt sogar, wie weiter unten
noch zu zeigen sein wird, eine entscheidende Rolle.
Auch *E. Zenger*, Das Erste Testament (a.a.O., 23) moniert in ähnlicher Weise: „Wie wenig das ‚Alte Testament' für die Substanz des
kirchlichen Christentums faktisch bedeutet (...), weil das in diesen
Heiligen Schriften bezeugte Gottes-Handeln schon in den altkirchlichen Glaubensbekenntnissen nur marginal oder überhaupt nicht vor-
kommt. ‚Zu den konstanten Stücken jedes Gottesdienstes gehört das
Apostolische Glaubensbekenntnis mit seinen drei Artikeln. Im ersten
und zugleich kürzesten wird Gott als Vater und Schöpfer Himmels
und der Erde bekannt. Die biblische Basis dieses Bekenntnisses bildet
die Schöpfungsgeschichte. Mit diesem Bezug, der zudem wahrscheinlich oft gar nicht einmal bewußt ist, ist die Aufnahme alttestamentlicher Überlieferungselemente im Apostolicum bereits erschöpft. Der
seit den Erzvätern in der Geschichte Israels handelnde Gott ist nicht
ins Bekenntnis aufgenommen worden. Ebenso fehlt im zweiten Artikel im Bekenntnis zu Jesus, im Unterschied zu einem der ältesten
christlichen Bekenntnisse (1 Kor 15, 3–6) der Hinweis, Gott habe ‚gemäß den Schriften' an ihm gehandelt. Und schließlich sucht man im
dritten Artikel, dem Bekenntnis zum Heiligen Geist, vergebens nach
der Beteuerung der Hoffnung Israels wie auch der Schöpfung insgesamt. (P. von der Osten-Sacken)". Zu dem bereits oben in bezug auf
die zu beachtende literarische Besonderheit des Glaubensbekenntnisses Gesagten, kommt hier nun noch ein weiteres Problem, das der
verschiedenen christlichen Credoformulierungen, mit ins Spiel; denn
der im Apostolicum fehlende Satz „gemäß der Schrift" begegnet natürlich im sogenannten großen Glaubensbekenntnis.

und Neuem Testament stehenbleiben, sondern muß auf das Alte Testament im Kontext der christlichen Glaubenslehre abheben. Dabei ist, um Mißverständnisse und Fehleinschätzungen zu vermeiden, unbedingt zu beachten, daß ein Glaubensbekenntnis nicht an die Stelle der biblischen Überlieferung treten will, um diese quasi als Kurzform abzulösen; vielmehr liegt die Leistung der Bekenntnisformulierungen in der systematisierenden Integration unterschiedlicher Artikulation des Glaubensgutes und der Glaubenserfahrung, wie sie aus der Bibel erwachsen sind oder zuvor schon in ihr sich niedergeschlagen haben. Insofern ist von unschätzbarer Bedeutung, was B. S. Childs zur inneren Verbindung von biblischer Botschaft und kirchlicher Lehre betont: „Die große Stärke der römisch-katholischen Position war ihre Erkenntnis, daß der kirchliche Gebrauch der Schrift eine wichtige Rolle bei der Gestaltung der christlichen Bibel spielte. Der kirchliche Gottesdienst war der Ort, an dem die biblische Botschaft empfangen, bewahrt und überliefert wurde. Die kirchliche *regula fidei*, die später in Bekenntnissen zum Ausdruck gebracht wurde, suchte die Einheit von Wort und Tradition zu bewahren. [64].

Unter dieser Voraussicht wird deutlich, daß das christliche Credo die Einheit und Ganzheit der zweigeteilten christlichen Bibel fest und unumstößlich voraussetzt, was gerade dadurch geschieht, daß das Credo auf verschiedenen Ebenen den hermeneutischen Standort des Alten Testamentes fixiert; und zwar in der Weise, daß der trinitarischen Struktur des Glaubensbekenntnisses folgend jeder seiner drei Teile mit einem expliziten (hermeneutischen) Hinweis auf das Alte Testament formuliert wird:

---

[64] *B. S. Childs,* Biblische Theologie und christlicher Kanon, a. a. O., 26.

Wir glauben an den *einen Gott,*
den Vater, den Allmächtigen,
der alles geschaffen hat, Himmel und Erde,
die sichtbare und die unsichtbare Welt.
Und an den einen Herrn Jesus Christus,
Gottes eingeborenen Sohn,
aus dem Vater geboren vor aller Zeit:
Gott von Gott, Licht vom Licht,
wahrer Gott vom wahren Gott,
gezeugt, nicht geschaffen,
eines Wesens mit dem Vater;
durch ihn ist alles geschaffen.
Für uns Menschen und zu unserem Heil
ist er vom Himmel gekommen,
hat Fleisch angenommen
durch den Heiligen Geist
von der Jungfrau Maria
und ist Mensch geworden.
Er wurde für uns gekreuzigt
unter Pontius Pilatus,
hat gelitten und ist begraben worden,
ist am dritten Tage auferstanden
gemäß der Schrift
und aufgefahren in den Himmel.
Er sitzt zur Rechten des Vaters
und wird wiederkommen in Herrlichkeit,
zu richten die Lebenden und die Toten;
seiner Herrschaft wird kein Ende sein.
Wir glauben an den Heiligen Geist,
der Herr ist und lebendig macht,
der aus dem Vater und dem Sohn hervorgeht,
der mit dem Vater und dem Sohn
angebetet und verherrlicht wird,
der gesprochen hat durch die Propheten,

Wir bekennen die eine Taufe
zur Vergebung der Sünden.
Wir erwarten die Auferstehung der Toten
und das Leben der kommenden Welt. Amen.

Betrachtet man die drei Teile des Glaubensbekenntnisses genau, dann läßt sich nicht übersehen, daß jeder dieser Teile einen deutlichen Bezugspunkt zum Alten Testament hat (im oben abgedruckten Text kursiv hervorgehoben); diese gilt es nun auf ihre Funktion und Intention hin zu befragen.

1. Die das Glaubensbekenntnis eröffnende Aussage über Gott Vater erhält ihr prägnantes Profil durch die Zentralaussage des Alten Testaments vom *einen* und *einzigen* Gott, dem monotheistischen Bekenntnis, das *die* Voraussetzung und Ermöglichung jedweden trinitarischen Redens von Gott ist[65]. Sodann folgt das hier thematisierte Bekenntnis zum Schöpfergott, das die Aussagen zum Eingottglauben entfaltet und konkretisiert.

2. Der Hauptteil des Credos enthält das christologische Zentrum. Die Artikulation des Auferstehungsglaubens bringt durch Zitation von 1 Kor 15,3 mit dem *„gemäß der Schrift"* die deutlichste Fundierung des christlichen Bekenntnisses im Alten Testament zum Ausdruck; denn dieses „gemäß der Schrift" ist nicht – wie oft geschehen – als Rückverweis auf ein Schriftzitat zu verstehen oder gar auf das Motiv der Auferstehung am dritten Tage zu begrenzen[66], weil beides sich nicht

[65] Vgl. *W. Breuning*, Art.: Gott/Trinität, NHthG 2, 133–149, sowie die umfangreiche Monotheismusliteratur, die *F. Mussner* in seinem Beitrag (siehe unten III.) anführt.
[66] Vgl. z. B. *H.-J. Klauck*, Erster Korintherbrief (NEB 7) (Würzburg 1984) 109: „Besser nimmt man die drei Teile mit dem Schriftbezug zusammen und faßt sie als theologisches Datum", oder auch *H. Lietzmann*, An die Korinther I. II (HNT 9) (Tübingen ⁵1969) 77: „Den Schriftbeweis für die Auferstehung am dritten Tage (Hos 6,2?) gibt Pls

im Alten Testament findet, der Begriff „Schrift/Schriften" im neutestamentlichen Kontext aber exklusiv für die vorliegende Bibel, also das Alte Testament, gebraucht wird. Die Formel „gemäß der Schrift" zielt folglich darauf ab, den „schrifttheologisch reflektierten Glauben der Kirche"[67] zu verkünden, näherhin die „Gottgewolltheit des Geschehens" (F. Mußner, siehe unten III.2.) hervorzuheben.

3. Schließlich wird beim Bekenntnis zur dritten göttlichen Person, dem Heiligen Geist, der Bogen zwischen Altem und Neuem Testament geschlagen, wenn es vom Heiligen Geist heißt, daß er *durch die Propheten gesprochen* hat, denn „Propheten" steht hier nicht nur für die prophetische Verheißung, die auf das Neue Testament hin gedeutet wird, sondern für die gesamte alttestamentliche Überlieferung, was der Blick auf die Formulierung von Hebr 1,1, (*„viele Male und auf vielerlei Weise hat Gott einst zu den Vätern gesprochen durch die Propheten"*), die hinter dem Satz des Credos steht, deutlich macht[68].

---

nirgendwo". Daß allerdings die motivgeschichtliche Suche meist über das Alte Testament in die jüdische Tradition gehen muß und damit den neutestamentlichen Sprachgebrauch von „Schrift/Schriften", was im Neuen Testament immer nur biblische Schriften, also solche der Bibel Israels, meint, unbeachtet läßt, macht solche Erklärungsversuche mehr als fragwürdig.

[67] *V. Hasler*, Credo und Auferstehung in Korinth, ThZ 40, 1984, 32.

[68] Hebr 1,1 betont in der Wendung „Zu den Vätern gesprochen durch den Propheten" einen umfassenden Bezug zum Alten Testament, weil der Begriff Väter nicht nur auf die sogenannten Patriarchen beschränkt werden kann, sondern die „alttestamentlichen Frommen überhaupt" meint, wie *H. Braun*, An die Hebräer (HND 14) (Tübingen 1984) 20 mit Recht betont, und ebenso der Begriff Propheten im alttestamentliche und jüdischen Sinn auf den größten Teil der Schrift (nicht nur die Schriftpropheten) bezogen wird. (Vgl. *H. Braun*, a.a.O., 21). Es geht folglich darum, den gleichen Gott zu bekennen, der sich – je anders – im Alten und im Neuen Testament offenbart hat; vgl. neben H. Braun

Stellt man diese drei Bezüge zum Alten Testament aus dem christlichen Credo nebeneinander, dann erkennt man, daß die unterschiedlichen Arten dieser Bezüge zusammengenommen eine gewichtige hermeneutische Weichenstellung in bezug auf die zweigeteilte christliche Bibel vollziehen; denn das Alte Testament kommt in drei verschiedenen Arten im Credo zur Sprache:

Erstens wird eine alttestamentliche Zentralaussage („*ein* Gott, der Schöpfer der Welt") durch Wiedergabe übernommen,

zweitens wird die neutestamentliche Zentralaussage (Tod und Auferstehung Jesu) durch eine „Übereinstimmungsformel" („gemäß der Schrift") vom Alten Testament her begründet und gedeutet,

drittens wird das Alte Testament insgesamt (als Prophetie) anerkannt und christlich für verbindlich erklärt (Der Heilige Geist hat hier gesprochen).

So betrachtet kann auch und gerade vom christlichen Credo her kein Zweifel mehr an der Gründungsfunktion des Alten Testamentes für das Christentum bestehen. Kann es schon kein Neues Testament ohne Altes Testament geben, so auch kein christliches Glaubensbekenntnis und somit keinen christlichen Glauben ohne alttestamentliches Fundament! In Anlehnung an das be-

---

auch *O. Michel,* Der Brief an die Hebräer (KeK) Göttingen [11]1960) 34, der vom „gleichen Umgang der Offenbarung in Vergangenheit und Gegenwart" spricht, oder auch *F. Laub,* Hebräerbrief (SKK-NT 14) (Stuttgart 1988) 22 f. und *E. Gräßer,* An die Hebräer (EKK XVII/1) (Zürich/Neukirchen-Vluyn 1990) 51: „Das einheitlich prädizierte Heilssubjekt – Deus loquens – schließt es aus, Alten und Neuen Bund im Verhältnis ausschließlicher Gegensätzlichkeit zu sehen. Das *eine* Wort Gottes faßt beide zusammen (Hebr 4, 12; Kol 1, 25), ,womit die Einheit beider konstituiert ist, so daß das alttestamentliche Wort grundsätzlich auf gleicher Wertstufe – eben des ,Wortes Gottes' – mit dem neutestamentlichen steht' (Kittel). Gott kann sich nicht selbst widersprechen."

rühmte Wort des Hl. Hieronymus „Die Schrift nicht kennen heißt Christus nicht kennen"[69] kann folglich auch formuliert werden: *Das Alte Testament nicht kennen heißt das Christentum nicht kennen.*

---

[69] Natürlich denkt Hieronymus an das Alte Testament, wenn er am Anfang seines Jesajakommentars in dieser Weise die „Schrift" auf Christus bezieht: „ignoratio enim Scripturarum ignoratio Christi est", worauf *N. Füglister,* Das Alte Testament – Wort Gottes an uns. Die Konzilskonstitution „Dei Verbum" und das Alte Testament, in: H. Paarhammer/F.-M. Schmölz (Hg.), Uni trinoque Domino (FS für K. Berg)(Thaur/Tirol 1989) 154 mit Recht hingewiesen hat.

III
Die Auslegung des Alten Testaments im Neuen Testament und die Frage nach der Einheit und Ganzheit der Bibel

Vorbemerkung

Für Jesus und die Urkirche war das „Alte Testament" die Bibel, mit der sie operierten und argumentierten. Wenn sie formulierten: „die Schrift sagt ...", „wie geschrieben steht ...", „gemäß den Schriften" usw., so hatten sie dabei das Alte Testament im Auge. Aber bald nach dem Osterereignis entwickelte sich eine Jesus-Überlieferung: Sprüche (Logien) Jesu wurden gesammelt, Berichte entstanden über Jesu Wirken, seinen gewaltsamen Tod und seine Erscheinungen nach seiner Auferstehung von den Toten (vgl. Lk 1, 1f), Evangelien wurden geschrieben. Darüber hinaus wurden Briefe verfaßt, etwa vom Apostel Paulus, und weitere „Bücher" wurden geschrieben, wie die Apostelgeschichte und die Joh-Apokalypse. Aus ihnen entstand das „Neue Testament", zuletzt bestehend aus 27 „Büchern", in denen nicht bloß das Alte Testament zitiert wird, sondern die allmählich den Rang von „Schrift" (neben der „Schrift" des Alten Testaments) erhielten, verbunden mit der Überzeugung, daß in dieser „Schrift" wahre, ja die definitive Offenbarung Gottes vorliegt, der zuletzt „im Sohn" zu uns redete (vgl. Hebr 1, 2).

Die Juden aber teilten diese Überzeugung der Urkirche nicht, was dazu führte, daß die Glaubensgemeinschaft der Kirche sich von der Glaubensgemeinschaft

Israels trennte, was jedoch nicht zur Folge hatte, daß die Kirche das Alte Testament preisgab. Sie hielt vielmehr am Alten Testament fest und wies Versuche, es aus der Bibel zu streichen, bis zum heutigen Tag zurück. Sie war überzeugt, daß derselbe Gott, der zuletzt „im Sohn" zu uns redete, vorher schon „viele Male und auf vielfache Weise zu den Vätern [Israels] in den Propheten gesprochen" hat (Hebr 1, 1). Aber die Glaubensüberzeugung der Kirche, die zur Trennung von Israel geführt hat, brachte für sie ein teilweise neues Verstehen und Auslegen des Alten Testaments mit sich, das man kurz als „christologisches" Verstehen und Auslegen bezeichnen kann und das sich nicht nur vom jüdischen Verstehen und Auslegen unterschied und unterscheidet, sondern oft auch den Eindruck von „Gewaltsamkeit" und „Willkür" gegenüber dem Text des Alten Testaments (ob masoretischer oder Septuaginta-Text) mit sich brachte und bringt, mit der Folge, daß nicht bloß in hermeneutischer, sondern auch in offenbarungs- und (heils-)geschichtlicher Hinsicht ein „Bruch" vorzuliegen scheint, der die Einheit der Bibel Alten und Neuen Testaments in Frage stellt, bis hin zu der These, daß der Gott des Alten Testaments, der Gott Israels, ein anderer sei als der Gott Jesu und der Kirche, bekanntlich in aller Radikalität im 2. Jahrhundert vertreten von Marcion. Von ganz anderer Seite stellte sich die Frage nach der Einheit der Bibel erneut durch die reformatorische Unterscheidung von „Gesetz" und „Evangelium" ein, die bis heute wirksam ist. Mit dem letzteren hängt wohl auch zusammen, daß die Frage nach der Einheit der Bibel mehr im Raum der evangelischen Kirchen weltweit erörtert wird als in der katholischen Kirche. Die Trennung der Kirche von Israel, die auch hermeneutische Folgen mit sich brachte, wie wir oben bemerkten, läßt die Frage nach der Einheit der Bibel virulent bleiben, und zwar nicht bloß für das Judentum, das die christliche Auslegung des Alten Testaments, und zwar schon mit Blick auf seine Auslegung im Neuen Testament, als „gewalttätig" und „willkürlich" empfindet, sondern auch für die Christen, die mit der Urkirche das Alte Testament als „Christuszeugnis" verstehen, was ihnen das Judentum nicht abnimmt. Und wenn der Jude Jesus uns Christen mit dem Judentum verbindet, was heute auch jüdische Leben-Jesu-Forscher betonen, so trennt uns derselbe Jude Jesus vom Judentum, was nicht bestritten werden kann.

Wie steht es dann mit der Einheit und Ganzheit der Bibel? Das Neue Testament bezeugt einerseits die Verwurzelung der Kirche im Judentum – nach Paulus (Röm 11, 17) ist die Kirche „Teilhaberin" an der kraftvollen „Wurzel" Israel –, dokumentiert aber andererseits den Ablösungsprozeß der Kirche von Israel[1]. Welche Folgen hat dieser unleugbare Tatbestand bei der Suche nach der Einheit und Ganzheit der Bibel? Ist die Diskontinuität, verursacht durch den oben erwähnten „Bruch" mit seinen Folgen für die Hermeneutik, stärker als die Kontinuität? Um diese Fragen geht es und aus ihnen ergibt sich auch die Hauptgliederung meines Beitrags. Ausgehend von der weltweiten Diskussion über die Einheit der Bibel (Alten und Neuen Testaments) suche ich im ersten Teil anhand von ausgewählten Beispielen der Auslegung des Alten Testaments im Neuen Testament das Problembewußtsein betreffend der Einheit und Ganzheit der Bibel für den christlichen Theologen zu schärfen, und versu-

---

[1] Vgl. dazu *F. Mußner*, „Mitteilhaberin an der Wurzel". Zur Ekklesiologie von Röm 11, 11–24, in: *ders.*, Die Kraft der Wurzel. Judentum-Jesus-Kirche (Freiburg/Basel/Wien [2]1989) 153–159; *Ders.*, Das Neue Testament als Dokument für den Ablösungsprozeß der Kirche von Israel: ebd. 164–171.

che im zweiten Teil eine (meine) Antwort auf die Frage
zu geben, was denn die Bibel (Alten und Neuen Testaments) „zusammenhält".

1. Um welches Problem geht es?

Es geht, wie schon in der Vorbemerkung gesagt, um die
Frage nach der Einheit der Bibel, und das bedeutet auch:
um eine gesamtbiblische Theologie, um „das Ganze" der
Heiligen Schrift.

Über die damit gegebenen Probleme und die Vor-
schläge zu ihrer Lösung orientieren in umfassender
Weise *H. Graf Reventlow*, Hauptprobleme der Biblischen
Theologie im 20. Jahrhundert (= Erträge der Forschung
203) (Darmstadt 1983); *M. Oeming*, Gesamtbiblische
Theologien der Gegenwart. Das Verhältnis von AT und
NT in der hermeneutischen Diskussion seit Gerhard
von Rad (Stuttgart/Berlin/Köln/Mainz 1985, [2]1987); *H.*
Hübner, Biblische Theologie des Neuen Testaments.
Band 1: Prolegomena (Göttingen 1990); *H. Graf Revent-*
low, Epochen der Bibelauslegung I (München 1990) (Kap.
III: Das Alte Testament im Neuen Testament). Hierher
gehört aber auch die heute weltweit geführte Diskussion
über den „kanonischen Prozeß" und den „Kanon"; vgl.
dazu etwa JBTh 3 (1988) („Zum Problem des biblischen
Kanons") und besonders *Chr. Dohmen/M. Oeming*, Biblischer Kanon, warum und wozu? (QD 137) (Freiburg/
Basel/Wien 1992) (mit umfassender Literatur).

Oeming formuliert in der Einführung zu seinem Buch
den Sachverhalt so: „Immer wieder neu stellt das altte-

stamentliche Erbe vor ein Bündel zentraler theologischer
Fragen [nämlich vor diese]: Auf welchen hermeneutischen Prämissen beruht ein legitimes christliches Verständnis einer Heiligen Schrift, in der von Jesus Christus
keine Rede ist? Wie ist das Verhältnis von Kirche und Israel zu bestimmen? Welches ist das neue Heil, das mit
Tod und Auferstehung Jesu Christi geschenkt wurde? Ja,
was ist das Zentrale und Relevante des Christus-Glau-
bens überhaupt angesichts der im Alten Testament be-
zeugten Offenbarung Gottes?" (a. a. O. 11). Und schon
jetzt bringe ich noch einen Satz aus Oemings Buch:
„Eine undialektische, undifferenzierte Totalimplikation
des Alten Testaments ist vom Neuen Testament her
kaum möglich" (ebd. 155). Ich stimme auch dem Satz
Gunnewegs zu: „Ohne die Sprache des Alten Testaments
würde der Kirche die Sprache überhaupt ausgehen und
sie fände nun erst recht keine Worte mehr, das ihr aufge-
tragene Christuszeugnis zu verkünden"[2].

Graf Reventlow führt unter „den neuesten Versuchen
zur Wiedergewinnung einer gesamtbiblischen Theologie" drei besonders bedeutende vor[3]: „1. den traditions-
geschichtlichen Ansatz, wie er vor allem von *H. Gese*
entwickelt worden ist", und dessen grundlegende These
lautet: „das Alte Testament entsteht durch das Neue Testament; das Neue Testament bildet den Abschluß eines
Traditionsprozesses, der wesentlich eine Einheit, ein
Kontinuum ist"[4]. Dieser „Traditionsprozeß" ist identisch mit dem altbundlichen „Offenbarungsprozeß", der

---

[2] *A. H. J. Gunneweg,* Vom Verstehen des Alten Testaments. Eine Hermeneutik (Göttingen [2]1988) 198.
[3] Hauptprobleme, a. a. O. 141 ff.
[4] *H. Gese,* Erwägungen zur Einheit der biblischen Theologie, in: *ders.,*
Vom Sinai zum Zion. Alttestamentliche Beiträge zur biblischen Theologie (München 1984) 11–30 (14).

im Christusereignis zu seiner Erfüllung kommt. – 2. „den Versuch, einen bestimmten Begriff oder Zentralgedanken als Bindeglied zwischen den beiden Testamenten bzw. als deren ‚Mitte' herauszufinden, um die herum sich eine Biblische Theologie aufbauen läßt. Eine Variante hierzu ist die Zusammenstellung mehrerer Begriffe, die dann in ihrer Gesamtheit eine Brücke zwischen den Testamenten bilden sollen". Als „Schlüsselbegriffe" (H. Haag) für die Einheit der Bibel wurden u. a. genannt: „Bund"; „Versöhnung"; „Auferweckung" (P. Stuhlmacher: „Im christlichen Auferweckungsbekenntnis ... kommt der israelitische Gottesglaube an sein Ziel und zur Vollendung"); „Erwählung"; die Gottesherrschaft, „deren endgültiger Anbruch, wie er im Alten Testament erwartet wird, von Jesus ... angekündigt und gebracht wird" (so H. Seebass); Gemeinschaft mit Gott; „die Bewegung Gottes hin zum Menschen und die Bewegung des Menschen hin zu Gott" (H. Haag); die von Christus verwirklichte Gemeinschaft unter dem Willen Gottes (J. L. McKenzie); „Das Volk Gottes, das in der Kontinuität von Israel und Kirche am Heil Gottes teilhat" (R. C. Dentan). Etc., etc. – „3. den Ausgang vom Weltordnungsgedanken, entwickelt von H. H. Schmid und auf neutestamentlicher Seite unterstützt von U. Luck" (das ehemals „Betheler Modell")[5].

2. Ausgewählte Beispiele der Schriftauslegung im Neuen Testament

A. Paulus. Wichtige Literatur aus den letzten Jahren: *H. Hübner,* Gottes Ich und Israel. Zum Schriftgebrauch

---

[5] Dazu Näheres bei *Graf Reventlow,* 157 ff.

des Paulus in Römer 9–11 (Göttingen 1984) (mit einer Übersicht über die atl. Zitate und Anspielungen in Röm 9–11); *F. Siegert*, Argumentation bei Paulus gezeigt an Röm 9–11 (Tübingen 1985); *D.-A. Koch*, Die Schrift als Zeuge des Evangeliums. Untersuchungen zur Verwendung und zum Verständnis der Schrift bei Paulus (Tübingen 1986) (mit einer Liste der Zitate aus dem AT in den Briefen des Paulus, S. 21–23); *E. Earle Ellis*, The Old Testament in Early Christianity. Canon and Interpretation in the Light of Modern Research (Tübingen 1990). Hingewiesen sei auch auf *O. Michel*, Paulus und seine Bibel (Darmstadt ²1974).

Ich behandle zunächst zwei Beispiele paulinischer Schriftauslegung, nämlich die Interpretation von Ps 18, 5 LXX in Röm 10, 14 und von Ps 68, 23 f LXX in Röm 11, 9. Damit habe ich mich bereits in meinem Buch „Die Kraft der Wurzel" eingehend befaßt[6]; ich lege meine dortigen Ausführungen hier nochmals vor.

1. Ps 18, 5 LXX in Röm 10, 14

In diesem Psalm sind das Lob auf die Schöpfung und jenes auf die Tora miteinander verbunden. „Die Himmel rühmen die Herrlichkeit Gottes" (18, 2), und „Tag" und „Nacht" tragen in ihrem ständigen Wechsel dieses Lob durch alle Zeiten weiter. „Jeder Tag und jede Nacht sind ein neues Blatt in dieser lebendigen Dokumentation der Schöpfungsgeschichte Gottes" (H. Groß)[7]. Auch wenn ihre Stimme „unhörbar" bleibt (V. 4), so geht doch „ihre Botschaft in die ganze Welt hinaus, ihre Kunde bis zu den Enden der Erde" (V.5). „Jenseits menschlicher Sprachen vollzieht sich in majestätischem Schweigen die Of-

---

[6] *F. Mußner*, Die Kraft der Wurzel (s. Anm. 1) 41–46.
[7] Geistliche Schriftlesung: Das Buch der Psalmen I (Düsseldorf 1978) 107.

fenbarung Gottes" (Groß)[8]. Paulus jedoch ordnet diesem Psalmvers (18, 5) einen völlig neuen „Sitz im Leben" zu, der mit seiner Missionserfahrung zusammenhängt. Bei ihm ist nicht mehr die „unhörbare" Stimme der Schöpfung, vielmehr die laute Stimme der christlichen Missionare in aller Welt zu hören. Als Paulus den Römerbrief schreibt, liegt hinter ihm bereits eine lange und reiche Missionserfahrung, zu der freilich auch jene bittere Erkenntnis gehört, daß die große Masse der Juden vom Evangelium nichts wissen will, obwohl es auch ihnen in der Mission verkündigt worden ist, so daß sie nicht sagen können: Wir haben die Botschaft nicht gehört (vgl. Röm 10, 18a). Es geht „im ganzen Kap. 10 um den Nachweis, daß Gott alles getan hat, um die Juden für den Glauben zu gewinnen" (F. W. Maier)[9].

Hat das Psalmzitat im Gedankengang von Röm 10 nur bestätigende („illustrierende") oder argumentative Funktion im Sinn einer prophetischen Ansage? Ich möchte die Antwort so formulieren: Die Missionserfahrung zeigt die Erfüllung der prophetischen Ansage der Schrift, hier von Ps 18, 5; die Schrift hat (nach der Interpretation des Paulus!) die *weltweite* Mission in der messianischen Zeit schon vorausgesagt, und sie erreichte auch die Juden (wie etwa die Apostelgeschichte erzählt). F. W. Maier vermutet, daß die Frage des Apostels in 10, 18 („Indes ich frage: Haben sie [die Juden] etwa nicht gehört?") einen zu erwartenden Einwand der Heidenchristen vorwegnimmt: Die Juden seien in der Missionsarbeit vielleicht vernachlässigt worden! Deshalb *können* sie nicht „hören"![10] Doch, antwortet der Apostel, sie konnten

---

[8] Ebd. 108.
[9] *F. W. Maier*, Israel in der Heilsgeschichte nach Röm 9–11 (Bibl. Zeitfragen XII, 11/12) (Münster 1929) 87.
[10] Ebd. 93 f.

durchaus hören, weil der „Schall" der Boten des Evangeliums „über die ganze Erde ausgegangen ist", wie schon die Schrift im Psalm 18 prophetisch ansagt; also sei der Ungehorsam der Juden gegenüber dem Evangelium unentschuldbar. Möglicherweise hat Paulus, so vermutet R. Pesch[11], das Argumentationsmaterial, auch jenes aus der „Schrift", das in Röm 1–11 begegnet, „in seinen Diskussionen in den Synagogen gesammelt". Aber die vom ursprünglichen Aussagesinn von Psalm 18,5 abweichende Interpretation in Röm 10,18 scheint ganz auf das Konto des Apostels zu gehen.

2. *Ps 68, 23f LXX in Röm 11,9*

Die Übersetzung der beiden Psalmverse aus der hebräischen Bibel, die H. Groß in der „Geistlichen Schriftlesung" bietet[12], lautet: „Der Opfertisch werde für sie zur Falle, das Opfermahl zum Fangnetz. Blende ihre Augen, so daß sie nicht mehr sehen; lähme ihre Hüften für immer!" Der Psalm als Ganzer stellt das Klagelied eines einzelnen dar; er geht zuletzt in ein Danklied über. Er gehört im Neuen Testament zu den „Leidenspsalmen", bezogen auf das Leiden Jesu (vgl. Mt 27,34.48; Mk 15,36; Lk 23,36; Joh 15,25; 19,29). Die Feinde des Klagenden „feiern (offenbar im Bereich des Heiligtums) Opfergelage, durch die sie ihre Gemeinschaft mit Gott ... öffentlich demonstrieren und den Beter mit dieser religiösen Handlung endgültig ins Unrecht versetzen ... Darum wird die Bitte laut, Jahwe möge bei den Opferfeiern der Feinde als Richter hervortreten ..." (H.-J. Kraus)[13] und ihr Unrecht ans Licht bringen. „Es soll ihnen nicht gelingen, daß sie in die heilsame Sphäre der

---

[11] *R. Pesch*, Römerbrief (NEB) (Würzburg 1983) 22.
[12] A.a.O. (s. Anm. 7) 374.
[13] Psalmen (BK XV/2) (Neukirchen/Vluyn ⁵1978) 645.

Gottesgemeinschaft ... ungehindert eingehen können" (ders.)[14]. Nach H. Gunkel haben die beiden Psalmverse den Sinn: „Sie mögen mitten aus fröhlicher Mahlzeit heraus plötzlich vom Verderben erfaßt werden wie Vögel, die auf den Köder gehen, durch die Falle."[15].

Paulus bringt das Psalmzitat im Vergleich mit dem Text der Septuaginta in etwas anderer Gestalt (vor allem findet sich die Hinzufügung von *kaì eís thäran* [„und zur Jagdfalle"] hinter *eís pagída* in 11,9a[16], darüber hinaus der Dativ *autoís* hinter *eís antapódoma* in 11,9b, der zweifellos als Dat. incomm. zu bezeichnen ist [„ihnen zum Schaden"]). Der Apostel versteht im übrigen die Psalmverse total anders als der Beter im Psalm selbst. Vor allem sind sie für ihn keine Fluchsprüche gegen das „verstockte" Israel (vgl. 11,7d), die er wie der klagende Beter im Psalm gegen seine Gegner sprechen würde, da er ja nicht daran denkt, die das Evangelium ablehnenden Juden als seine Feinde zu betrachten[17]. Wie ist nach dem Kontext sein Argumentationsgang? Während die „Aus-

---

[14] Ebd.

[15] Die Psalmen (Göttingen [4]1926) (zitiert bei Maier, Israel in der Heilsgeschichte, 113).

[16] *hä thära* ist die Jagd, aber auch die Jagdbeute, das Wild, das Netz, die Jagdfalle; auch im übertragenen Sinn verwendet. Vgl. *W. Pape*, Griechisch-deutsches Handwörterbuch I, 1208; *Liddell-Scott*, A Greek-English Lexicon I, 799. In Röm 11,9 bedeutet *thära*, da zwischen *pagís* und *skándalon* stehend, sehr wahrscheinlich „Jagdfalle". Entweder hat Paulus die Erweiterung schon in seinem LXX-Text vorgefunden oder er ist zu ihr durch Ps 34,8 LXX angeregt worden: *Elthéto autois pagís, hän ou gignóskousin, kaì hä thära, hän ekrüphan, süllabéto autoús, kaì en tä pagídi pesountai en autä*. Eine eindeutige Antwort kann nicht gegeben werden.

[17] Die „verstockten" Juden sind für Paulus auch keine „Feinde Gottes", wie ihnen die „Einheitsübersetzung" mit ihrer Fehlübersetzung von Röm 11,28 und auch manche Kommentatoren unterstellen. Vgl. dazu *F. Mußner*, Sind die Juden „Feinde Gottes"? Bemerkungen zu Röm 11,28, in: Kathol. Bibelwerk (Hg.), Dynamik im Wort. Lehre von der Bibel. Leben aus der Bibel (Stuttgart 1983) 235–240.

wahl", d. h. die das Evangelium annehmenden Juden (die Judenchristen), das Rechtfertigungsziel auf dem Weg des Glaubens erreichte, „wurden die übrigen verstockt" (11,7). Diese rätselhafte „Verstockung" der Juden dem Evangelium gegenüber wird durch Schriftworte erhärtet und erklärt, zum einen in 11,8 mit Hilfe von Dtn 29,3; Jes 29,10; 6,9 f: „Es gab ihnen *Gott* einen Geist der Betäubung [18], Augen, um nicht zu sehen, und Ohren, um nicht zu hören [19] – bis auf den heutigen Tag", zum anderen in 11,9 mit Hilfe von Ps 68,23 f (mit der Einführungsformel: „Und David spricht"): „Es werde ihr Tisch zum Fallstrick und zur Jagdfalle und zum Stellholz und zur Vergeltung ihnen. Verfinstert sollen werden ihre Augen, auf daß sie nicht sehen, und ihren Rücken beuge immerzu!" [20].

An welchen „Tisch" denkt Paulus, der Israel zum „Fallstrick", zur „Jagdfalle" und zum „Stellholz" wurde? K. Müller hat sich eingehend mit dieser Frage beschäftigt [21]. Er denkt bei „Tisch" an „Sühnetisch", und *„skan-*

[18] Wörtlich: „Geist der Zerstechung", in übertragenem Sinn: „Geist der Betäubung". In der hebräischen Bibel entspricht *katánüxis* das Lexem *tardemah* = tiefer Schlaf, Schlaftrunkenheit, Apathie, Lethargie (*Gesenius-Buhl*, Handwörterbuch über das AT s.v.).

[19] Die artikulierten Infinitive *(tou mä blépein* und *tou mä akoúein)* dienen „zum Ausdruck eines erst zu verwirklichenden *konsekutiven* oder *finalen* Vorgangs" (*E. Mayser*, Grammatik der griechischen Papyri aus der Ptolemäerzeit II/I [Berlin – Leipzig 1926] 154; vgl. auch *L. Radermacher*, Ntl. Grammatik [Tübingen ²1925] 188 ff).

[20] Die Reihung eis pagída kaí eis thäran kaí eis skándalon bei Paulus läßt für die drei Lexeme einen einheitlichen Vorstellungszusammenhang erkennen, der mit „Jagd" zu tun hat („Fallstrick", „Jagdfalle", „Stellholz"), so daß uns die oben erwähnte Deutung H. Gunkels richtig zu sein scheint. Dabei verbindet sich mit den drei Metaphern der Gedanke von „anstoßen", „straucheln", „hinfallen"; Israel „stößt an", „strauchelt" und „fällt hin", weil seine Augen geblendet und seine Ohren verstopft sind (vgl. 11,8.10).

[21] *K. Müller*, Anstoß und Gericht. Eine Studie zum jüdischen Hintergrund des paulinischen Skandalon-Begriffs (München 1969) 13–31.

dalon" ist nach ihm „ein religiöses Abstraktum. Es bezeichnet den heimtückischen Anlaß zu Schuld sowie den Anstoß zu eschatologischem Strafverderben im Kreise der Gottlosen, den der Tisch der Sühnung nach göttlicher Zusage über das von Gott verstockte Israel bringen wird" (31). Mir scheint, mit dem „Tisch" ist der nach jüdischer Überzeugung *mit der Tora* wohl gedeckte „Tisch" („Schulchan Aruch"!) gemeint, der Israel dazu verführt, sich nicht der Gottesgerechtigkeit aus dem Glauben zu unterwerfen, vielmehr die eigene aufzurichten (vgl. 9,31; 10,3; 11,7). Jetzt ist ihnen dieser „Tisch" zum „Fallstrick", zur „Jagdfalle" und zum „Stellholz" geworden, so daß er ihnen zum „Fall" gereichte – Paulus fährt ja in 11,11 sofort mit der Frage weiter: „Sind sie etwa gestrauchelt, damit sie hinfielen?" [22]

Was man an diesen zwei Beispielen exemplarisch beobachten kann, ist die eigenartige „Willkür" paulinischer Schriftauslegung, die durch die aktualisierende Adaption der Schriftaussagen, in diesem Fall von zwei Ps-Texten, auf das „verstockte" Israel durch den Apostel bedingt sind. Ist seine Auslegung legitim? Vergewaltigt sie nicht den ursprünglichen Aussagesinn der „Schrift"? Wir werden später auf diese Fragen zurückkommen.

Ich nenne noch zwei bekannte Beispiele aus den Paulusbriefen, in denen von den „Schriften" die Rede ist, ohne daß der Apostel dabei konkrete Zitate aus ihnen bringt.

---

[22] *ptaíein* bedeutet intransitiv: anstoßen, anschlagen, anrennen, straucheln, fallen, einen Unfall haben, ins Unglück geraten, fehlen, irren (vgl. *W. Pape*, s. v.). In Röm 11,11 müssen die beiden Lexeme *ptaíein* und *píptein* von den Jagd-Metaphern in 11,9 her interpretiert werden, die dadurch selbst erst in ihrer metaphorischen Bedeutung voll erkennbar werden: Das an der Tora starr festhaltende Israel geriet damit in eine Jagdfalle, die es straucheln ließ, „damit sie (nach dem geheimnisvollen Ratschluß Gottes) hinfielen".

So in *Röm 1, 1–4*: „Paulus, Sklave Christi Jesu, als berufener Apostel ausgesondert zum Evangelium Gottes, das er vorausverheißen hat durch seine Propheten *in heiligen Schriften* über seinen Sohn, der geworden ist aus Samen Davids dem Fleisch nach, der bestimmt wurde zum Sohn Gottes in Macht gemäß Pneuma der Heiligkeit seit (der) Auferstehung von den Toten, (von) Jesus Christus, unserem Kyrios". Wahrscheinlich steckt in dem Text ein vom Apostel verarbeitetes Bekenntnis, das nach M. Hengel „in einer einfacheren Form vermutlich auf die erste judenchristliche Gemeinde in Jerusalem zurückgehen könnte"[23]. Das „Evangelium", dessen wesentlicher Inhalt Jesus Christus als der „Sohn" Gottes ist, ist nach Paulus (und wohl schon nach der von ihm verarbeiteten Bekenntnistradition) von den altbundlichen Propheten „vorausverheißen in den heiligen Schriften" Israels. Das klingt generalisierend: Es finden sich dabei ja keine konkreten Zitate aus den „Schriften", was auf formelhafte Sprechweise im Bekenntnis hinweist, formuliert aber so aus der Überzeugung der Urgemeinde und des Paulus, daß die „Schriften" – und wahrscheinlich ist dabei nicht bloß an die Schriften der Propheten gedacht, sondern an die Schriften des ganzen Alten Testaments –, das, was „das Evangelium" über den „Sohn" Jesus Christus verkündet, „vorausverheißen" haben. Dann versteht also Paulus (und vor ihm schon die Bekenntnistradition) „das Evangelium" von dem „Sohn" Jesus Christus *als Erfüllung* des im Alten Testament „Vorausverheißenen".

Als weiteres Beispiel nenne ich das auch aus vorpaulinischer Tradition stammende „Urcredo", das der Apo-

---

[23] *M. Hengel,* Der Sohn Gottes. Die Entstehung der Christologie und die jüdisch-hellenistische Religionsgeschichte (Tübingen [2]1977) 95.

stel in *1 Kor 15, 3–5* anführt: „Christus starb für unsere Sünden *gemäß den Schriften*, und er wurde begraben, und er ist auferweckt worden am dritten Tag *gemäß den Schriften*, und er erschien dem Kephas, hierauf den Zwölfen". Dieses „Urcredo" bekennt die Schriftgemäßheit des Sterbens Jesu „für unsere Sünden" und seine Auferstehung „am dritten Tag", wieder verbunden mit der generalisierenden Formel „gemäß den Schriften". An welche Schriftaussagen dabei Paulus und das von ihm übernommene „Urcredo" denken, erfahren wir nicht; leider, könnte man sagen. Wenn aber das Sterben Jesu „für unsere Sünden" und seine Auferweckung von den Toten „am dritten Tag" „gemäß den Schriften" erfolgten, dann scheint mir weniger das Schema „Verheißung/Erfüllung" dahinterzustehen als vielmehr die Glaubensüberzeugung von der Gottgewolltheit der beiden Geschehnisse. „Die Schriften" offenbaren den Willensratschluß Gottes, das göttliche „muß" des Opfertodes Jesu für uns Sünder und seiner heilbringenden Auferstehung. Die Schriftgemäßheit dieses zweifachen Heilsgeschehens im Bekenntnis zu betonen, war wichtig, um jüdische Einwände gegen die christliche Predigt abzuwehren. Daraus folgt auch: Die Formel „gemäß den Schriften" gehört wesensnotwendig zum Kerygma! Einem Juden jedoch bleibt das „gemäß den Schriften" des christlichen Kerygmas verborgen, weil er die „Schriften" anders versteht, als die Christen sie verstanden und verstehen. Dieses „Verstehen" wird uns noch beschäftigen.

B. Hebräerbrief. Aus der Literatur: *F. Schröger*, Der Verfasser des Hebräerbriefes als Schriftausleger (Regensburg 1968); *ders.*, Das hermeneutische Instrumentarium des Hebräerbriefverfassers, in: J. Ernst (Hg.), Schriftauslegung. Beiträge zur Hermeneutik des Neuen Testaments und im Neuen Testament (München/Paderborn/Wien 1972) 313–329; *O. Michel*, Der Brief an die Hebräer (Göttingen ⁷1976) 151–158 (Exkurs über die Schriftbenutzung des Hebr); *H.-Fr. Weiss*, Der Brief an die Hebräer (Göttingen 1991) 171–181 (Exkurs: „Die Rezeption der Schrift im Hebräerbrief", mit Literatur).

Ich zitiere Schröger (Der Verfasser ..., 11): „35 alttestamentliche Zitate [meist nach der Septuaginta] kommen im Hebräerbrief vor und zahlreiche Anspielungen an alttestamentliche Stellen. Es erhebt sich also gerade beim Hebräerbrief für den Exegeten die Frage nach der Art und Weise, wie das Alte Testament im Neuen benutzt und angeführt wird. Das ganze Gebäude der Theologie des Hebräerbriefes ist vom Verfasser auf die Säulen des Alten Testamentes gestellt", und nach Schröger (Das hermeneutische Instrumentarium ..., 315–324) „verwendet der Verfasser die verschiedensten zu seiner Zeit gängigen Auslegungsmethoden": 1. Er legt die „Schriften" aus im Schema: Weissagung / Erfüllung; 2. er legt die Schrift typologisch aus; 3. er legt sie allegorisch aus; 4. er legt sie nach der Midrasch-Pescher-Methode aus; 5. er benutzt bei seiner Schriftauslegung auch Methoden der rabbinischen Auslegung, nämlich: a) Durch Kombination zweier Schriftstellen „gewinnt jede Stelle für sich einen neuen tiefen Sinn dazu": durch die Kombination von Ps 2,7 mit 2 Sam 7,14 [in Hebr 1,5] und Ps 2,7 mit Ps 110,4 [in Hebr 5,5.6] füllen sich die Würdeprädikate für Jesus als „Sohn" und als „Priester" gegenseitig auf; b) durch die Auslegung nach dem Grundsatz: *quod non in thora, non in mundo*. Beispiel: „Das Fehlen der Angaben über Geburt, Eltern und Tod des Melchisedech in Gen 14,17–20 bringt den Hebräerbriefverfasser zu der Aussage ,ohne Vater, ohne Mutter, ohne Stammbaum, ohne Ende seines Lebens, ähnlich dem Sohn Gottes, bleibt er für immer'" (vgl. Hebr 7, 2 f); c) durch Auslegung nach dem Grundsatz: Eine neue Tat Gottes hebt die alte auf (vgl. Hebr 8, 13: „Da er aber von einem ‚neuen' Bund redet, macht er den ersten zu einem ‚alten'"); d) durch Schluß *a minore ad maius*; 6. er legt die Schrift im reinen Literalsinn aus.

Diese sechs Auslegungsmethoden, die Schröger beobachtet, stehen im Hebräerbrief ganz und gar im Dienst der Glaubensüberzeugung von dem abschließenden und definitiven „Reden" Gottes „zu uns *im Sohn*" (Hebr 1, 2), nachdem Gott zuvor „viele Male und auf vielfältige Weise zu den Vätern durch die Propheten geredet hat", und stehen ferner im Dienst der Glaubensüberzeugung von der absoluten Überlegenheit des „Sohnes" und „Hohenpriesters" Jesus Christus über die altbundliche Kultordnung, die nur noch „Schatten" ist, nachdem Jesus für immer in das *himmlische* „Zelt" eingegangen ist und dort „zur Rechten Gottes" sitzt: schon in 1, 3 und in 1, 13 wird dabei vom Verfasser mit dem Ps 110, 1 operiert, der auch sonst im Neuen Testament eine wichtige Rolle spielt (siehe dazu weiter unten). Man könnte den Hebr-Brief geradezu als einen christologischen „Midrasch" zum Ps 110 bezeichnen, natürlich immer wieder in Kombination mit anderen Aussagen der „Schrift".

C. Mt-Evangelium. In ihm spielen bekanntlich die „Reflexions-", „Erfüllungs-" und „Kontextzitate" eine wichtige Rolle. Dafür gleich zwei Beispiele: 1, 22: „Dies alles aber ist geschehen, *damit erfüllt wurde* das vom Herrn Gesagte durch den Propheten, der sagt: ‚Siehe, die Jungfrau wird im Schoß haben und wird gebären einen Sohn, und sie werden seinen Namen nennen Emmanuel'" (Jes 7, 14); 3, 3 (mit Bezug auf die Predigt des Täufers in der Wüste): „Denn dies ist das Gesagte durch Jesaja, den Propheten, der sagt: ‚Stimme eines Rufenden *in der Wüste;* bereitet den Weg des Herrn, gerade macht seine Pfade'" (Jes 40, 3), wobei das Wort „seine" eine Hinzufügung durch den Evangelisten ist. Wie wichtig dem Mt die „Erfüllungszitate" sind, zeigt sich auch darin, daß er sie wiederholt an Mk-Parallelen anfügt, so z. B. in der Erzählung über Krankenheilungen Jesu am Abend (Mt 8, 16 f // Mk 1, 32–34), in der Mt hinzufügt: „damit erfüllt wurde das Gesagte durch Jesaja, den Propheten, der sagt: ,Er nahm unsere Schwachheiten und die Krankheiten trug er'", was zugleich erkennen läßt, daß Jesus für Mt der „Gottesknecht" ist; denn das Zitat stammt aus Jes 53, 4.

Zum Thema „Erfüllungszitate" hat sich zuletzt *U. Luz* in seinem umfangreichen Mt-Kommentar im EKK I/1 (Zürich/Neukirchen/Vluyn 1985) 134–141 geäußert. Luz sieht mit Blick auf sie drei Probleme:

„a) Ist die *Einleitungswendung* ... redaktionell? Was ist ihr Sinn?

b) Der *Wortlaut* der Zitate stellt oft (aber nicht immer) ein Sonderproblem dar. Häufig ist er ein Mischtext. Wer ist für ihn verantwortlich?

c) Welche *theologische Bedeutung* ... haben die Erfüllungszitate im Matthäusevangelium?"

Ich bringe jetzt nur die Antwort von Luz zum Problem a: „Matthäus wurzelt im urchristlichen Sprachgebrauch, der von der Erfüllung der Schrift spricht": im Leben und Geschick Jesu erfüllt sich die „Schrift" – Mk, Lk-Apg, Joh, Jak reden von dieser „Erfüllung" der „Schrift", Paulus nicht.

Zum Problem c („theologische Bedeutung"), bewegt von der Frage: „Warum hat Matthäus eine Reihe ihm meistens überlieferter Zitate durch die Erfüllungsformel besonders ausgezeichnet?" (Luz), stellen sich folgende Antworten ein:

1. Jesu Leben und Geschick verliefen „schriftgemäß".

2. Jesus löste „das Gesetz und die Propheten" nicht auf, brachte sie vielmehr zur Erfüllung (Mt 5, 17).

3. „In vielen Zitaten stehen Grundaussagen der matthäischen Christologie im Vordergrund, z. B. in 1, 23 (Immanuel), 2, 15 (Sohn), 8, 17 (Jesu Heilen als Heilen des Messias Israels), 12, 18–21 (der stille Gottesknecht als Hoffnung für die Heiden) und 21, 5 (der gewaltlose König)" (Luz).„Dies aber ist geschehen, damit erfüllt würde das Gesagte durch den Propheten, der sagt: ‚Sprecht zur Tochter Sion: Siehe, dein König kommt zu dir, sanft und aufgestiegen auf eine Eselin und auf ein Füllen, (dem) Jungen eines Zugtiers' „ (Jes 62, 11; Sach 9, 9). „Die Erfüllungszitate heben also Grundthemen der mattheischen Theologie heraus. Das Zentrum der Erfüllungsformel, mit der Matthäus sie heraushebt, ist das Wort πληρόω [erfüllen]. Das ist ein ‚christologisches' Wort" (Luz).

4. Schließlich lassen gerade die „Erfüllungszitate" erkennen, daß nun die Kirche den Anspruch auf die „Schrift" erhebt; auch sie bezeugen damit den bereits weithin vollzogenen Ablösungsprozeß, bei dem die Kirche sich von Israel getrennt hat. So könnte man vielleicht sogar sagen: Auch die „Erfüllungszitate" stehen im Dienst des auch sonst im Mt-Evangelium beobachtbaren „Antijudaismus". Luz formuliert so: „In der Situation, in der sich Israel und die Gemeinde als zwei endgültig getrennte Brüder feindlich gegenüberstehen, *mußte* jeder Bruder das ganze Erbe der Väter definitiv und grundsätzlich für sich beanspruchen" [24].

D. Apostelgeschichte. G. Schneider hat in seinem

---

[24] Zum Johannesevangelium vgl. *M. Hengel*, Die Schriftauslegung des 4. Evangeliums auf dem Hintergrund der urchristlichen Exegese, in: JBTh 4 (1989) 249–288.

zweibändigen Kommentar zur Apostelgeschichte[25] (in einem Exkurs im I. Band, 232–238) die vielen atl. Zitate und Anspielungen in der Apg vollständig zusammengestellt, ebenso die einschlägige Literatur dazu. Die allgemeinste Einführungsformel lautet bei Lk: „es steht geschrieben". Lk ist dabei häufig bemüht, „den Lesern die biblische Schrift anzugeben, aus der zitiert wird": Joel (2,16), „im Buch der Psalmen" (1,20), „im zweiten Psalm" (13,33); als Autoren werden ausdrücklich genannt: „David" und „Mose". Die meisten Schriftzitate des lk. Doppelwerks stehen im Horizont der Verheißung, die jetzt schon erfüllt ist oder sich sicher erfüllen wird, so daß man die grundlegende Bedeutung des Schemas Verheißung/Erfüllung für Lk erkennen kann (Schneider). Apg 3,24 resümiert gegen Ende der Tempelrede des Petrus (3,18–23): „In der Tat haben alle Propheten von Samuel und den folgenden an, so viele geredet haben, auch diese Tage angekündigt". Die Propheten haben vor allem das Leiden des Messias angesagt, was inzwischen nachweislich eingetreten ist (V. 18); aber die Reihe der prophetischen Ansagen ist noch nicht insgesamt erfüllt. Doch die bisherigen Erfüllungen machen gewiß, daß auch die noch ausstehenden eintreten, vor allem die Parusie (VV. 20f). Faßt man die Erzählintention des Lk in der Apg ins Auge[26], so zeigt sich, daß Lk mit seinem zweiten Werk besonders auch den allmählichen Trennungsprozeß der Kirche von Israel „dokumentiert" hat, was zugleich darauf hinweisen könnte, daß auch bei Lk (ähnlich wie bei Mt und Joh) die Schriftzitate, speziell

---

[25] In HThKNT (Freiburg/Basel/Wien 1980, 1982).
[26] Vgl. zu ihr *F. Mußner*, Die Erzählintention des Lukas in der Apostelgeschichte, in: Cl. Bussmann / W. Radl (Hg.), Der Treue Gottes trauen. Beiträge zum Werk des Lukas (FS für Gerhard Schneider) (Freiburg/Basel/Wien 1991) 29–41.

die „Erfüllungszitate", dazu dienen, in diesem Trennungsprozeß die heiligen Schriften Israels der Kirche zu-
zuweisen, um nicht zu sagen, sie ihr zu *über*weisen,
verbunden mit dem Anspruch: Wir *Christen* legen die
Schrift richtig aus – und die Thematik „auslegen" und
„verstehen" kommt ja bei Lk ausdrücklich zur Sprache
(ich komme darauf zurück). Dabei muß aber im Fall der
Apg deutlich gesehen werden, daß in ihr die Schriftver-
wendung, ihre Applikation, da und dort zunächst einen
„gewalttätigen" Eindruck macht, wie etwa in der Pfingstpredigt des Petrus, in der Petrus die Notwendigkeit
(Gottgewolltheit) der leiblichen Auferweckung *Jesu* von
den Toten mit Ps 16, 8–11 LXX *begründet*: „*Denn* David
sagt über ihn (Jesus): ‚Vor mir sah ich den Herrn immerzu, weil zu meiner Rechten er ist, damit ich nicht er-
schüttert werde. Deswegen freute sich mein Herz und
jubelte meine Zunge, dazu aber auch mein Fleisch wird
zelten in Hoffnung, weil du nicht zurücklassen wirst
meine Seele im Hades und nicht geben wirst, daß dein
Heiliger sieht Verderbnis („Verwesung"). Kund tatest du
mir Wege (des) Lebens, erfüllen wirst du mich mit
Freude vor deinem Angesicht'". Petrus argumentiert
dann „mit Freimut", daß diese Psalmaussagen nicht auf
den „Urvater David" adaptierbar sind, da dieser ja starb
und begraben wurde, „und seine Grabstätte ist unter uns
bis zu diesem Tag". Als „Prophet" habe der Psalmensän-
ger David vielmehr „voraussehend über die Auferstehung des Christus" geredet, der nicht im Hades
zurückgelassen wurde und dessen Fleisch die Verwesung
nicht sah (vgl. 2, 29–31).

H.-J. Kraus bemerkt in seinem Kommentar zu den
Psalmen [27]: „Daß es sich in Ps 16 nicht um Auferstehung

---

[27] *H.-J. Kraus*, Psalmen, BK XV/1 (Neukirchen/Vluyn [5]1978) 268.

oder gar Unsterblichkeit, sondern um Errettung aus einer akuten Todesgefahr handelt, geht aus zwei Beobachtungen hervor", nämlich „1) Ps 16 setzt im Stile eines Gebetsliedes mit der Bitte um Bewahrung und Bergung vor der Todesgefahr ein. Es handelt sich also um eine akute Lebensbedrohung ... 2) Die Aussagen über die Errettung vom Tode in 9–10 unterscheiden sich nicht wesentlich von den entsprechenden Schilderungen in anderen Psalmen ..."[28] Eine Auferstehungsäußerung ist hier nicht zu finden, vielmehr ist „der Beter gewiß ..., daß die große Gefahr, es könnte ein jäher Tod seine Verbindung mit Gott zerreißen, überwunden ist.... JHWH weist den Weg zum Leben (V. 11) Durch die – offenbar noch anhaltenden – Todesgefahren führt er den Beter hindurch"[29]. „Er existiert nur aus dem Lebensgrund, der Jahwe selbst ist", und Kraus bemerkt dazu: „Daß Gottes Macht auch den Sterbenden durch den Tod in das Leben der neuen Welt Gottes hindurchträgt – diese Gewißheit, die in der Auferweckung des Christus Jesus begründet ist, war den Menschen des Alten Testaments noch verborgen. Nur die Kraft des unbegrenzten Vertrauens ließ sie über die letzte Grenze hinweg hoffen. Darum sind die Vertrauensäußerungen des Gebetsliedes durch jene eigenartige Transparenz gekennzeichnet, die dann bei der Gestaltung und Bezeugung der Auferstehungsgewißheit im Neuen Testament eine nicht geringe Rolle gespielt hat... die Vertrauensäußerungen der Psalmenbeter (haben) dem urchristlichen Christuszeugnis die Sprache und die kategorialen Vorstellungen zur Verfügung gestellt".[30]

Dieser „Sprache" bemächtigt sich Petrus, wenn er

[28] Ebd.
[29] Ebd. 268 f.
[30] Ebd. 270 f.

nach Lk am Pfingstfest die Auferstehung Jesu verkündigt und sie so begründet: „Denn nicht David stieg hinauf in die Himmel, er sagt ja selbst [nämlich im Ps 110]: ‚(Es) sprach [der] Herr zu meinem Herrn: Sitze zu meiner Rechten, bis ich lege deine Feinde als Fußbank unter deine Füße'" (Apg 2, 34 f).

Der lukanische Petrus argumentiert also, seine „Pfingstpredigt" abschließend, mit dem nun eindeutig messianisch-christologisch verstandenen Ps 110, von dem aus auch das neue Licht auf den Ps 16 fällt, und der auch sonst, wie wir bereits im Fall des Hebr-Briefs sahen, in der christologischen Schriftargumentation der Urkirche nach dem Zeugnis des Neuen Testaments eine entscheidend wichtige Rolle gespielt hat.

E. Psalm 110 (speziell 110, 1) im Neuen Testament.

Zuletzt hat sich dazu ausführlich *M. Hengel* in seinem Beitrag „Psalm 110 und die Erhöhung des Auferstandenen zur Rechten Gottes" geäußert, erschienen in: C. Breytenbach/H. Paulsen (Hg.), Anfänge der Christologie (FS für F. Hahn) (Göttingen 1991) 43–73. Hengel bemerkt zu Beginn seines Beitrags: „Ps 110, 1 ist bekanntlich der alttestamentliche Text, der in direkten Zitaten oder Anspielungen im Neuen Testament am häufigsten erscheint. Die Sammlung der *loci citati vel allegati* in der 26. Auflage des Nestle/Aland zählt 16 Belege, davon sind 7 durch Kursivdruck als Zitat gekennzeichnet. Auch ihre Aufteilung ist interessant: Sie geht quer durch das Neue Testament: Mt 22, 44; 26, 64; Mk 12, 36; 14, 62 und sekundär 16, 19; Lk 20, 42 f; 22, 69; Apg 2, 34 f; Röm 8, 34; 1 Kor 15, 25; Eph 1, 20; Kol 3, 1; Hebr 1, 3.13; 8, 1; 10, 12 f. Dabei läßt sich die Zahl der Belege, wenn man alle Texte über die Erhöhung Christi zur Rechten Gottes einbezieht, noch erhöhen: Apg 2, 33; 5, 31; 7, 55 f; Hebr 12, 2; 1 Petr 3, 22; man käme dann auf insgesamt 21 Belege ... Mit anderen Worten, die ganz überwiegende Mehrzahl der neutestamentlichen Schriften mit Ausnahme der Pastoralbriefe und des engeren *Corpus Johanneum* zeigt die Ein- bzw. Nachwirkung von Ps 110, 1, aus dem eine offensichtliche Grundaussage der Christologie stammt" (ebd. 43). Was das Alter der christologischen Verwendung von Ps 110 („u.U. in Verbindung mit Ps 8") angeht, so vermutet Hengel, daß sie, vor allem das Motiv der *sessio ad dexteram*, auf die Jerusalemer Urgemeinde zurückgeht. „Ps 110 und Ps 8 wurden wohl kaum erst nach der Bekehrung des Paulus für die Christologie entdeckt" (ebd. 56). Hengel glaubt auch eine Verbindung von Ps 110, 1 und Dan 7 (der „Menschengestaltige"!) bereits in den „Bilderreden" des „Äthiopischen Henoch" entdecken zu können, wie sie uns dann ausdrücklich im Bekenntnis Jesu vor dem Hohen Rat in Mk 14, 62 begegnet: „Ich bin es, und ihr werdet sehen den Menschensohn zur Rechten der Macht sitzen und kommen mit den Wolken des Himmels" – und daß Jesus sich als den danielischen Menschensohn gesehen hat, sollte man nicht bezweifeln [31].

Das Neue Testament läßt erkennen, welch bedeutende Rolle gerade *die Psalmen* im Denken und im Lobpreis der Urkirche gespielt haben, unter ihnen besonders der Ps 110. Hengel: „Der Psalter war von Anfang an, neben, ja vor Jesaja, die wichtigste, jetzt ‚christliche' Schriftensammlung. Der König und Profet David hatte darin selbst seinen zukünftigen ‚Sohn' und ‚Herrn' besungen" [32]. Mit dem Ps 110 „wurde die brennende Frage nach dem gegenwärtigen ‚Ort' des von Gott ‚von den To-

[31] Vgl. zu dieser Frage jetzt vor allem *V. Hampel*, Menschensohn und historischer Jesus. Ein Rätselwort als Schlüssel zum messianischen Selbstverständnis Jesu (Neukirchen/Vluyn 1990).
[32] A. a. O. 70.

ten Erweckten' ... und seiner Funktion eindeutig und
unüberbietbar beantwortet. Der Menschensohn-Messias
Jesus war zur Rechten Gottes ‚eingesetzt', man konnte
auch sagen: Der ‚Sohn' ... war ‚beim Vater'" [33]. Mit dem
Versstück „bis ich deine Feinde unter den Schemel dei-
ner Füße lege" war zugleich „die Frist zwischen Erhöhung und [endzeitlicher] Offenbarung des inthronisier-
ten Herrn und Menschen(sohns) begründet" [34]. Es gibt
eine „Frist", bis die Parusieoffenbarung sich ereignen
kann, nämlich „bis" alle Feinde unter den Schemel seiner Füße gelegt sind. „Ps 110, 1b konnte so zureichend
erklären, warum der Auferstandene und zur Rechten Er-
höhte nicht sofort seine Macht gegenüber den ‚Feinden'
offenbarte. Gott selbst hatte durch das ‚ad asit...' [„bis"]
Frist für die Verkündigung seines Heilsangebots für Israel durch die ‚Boten des Messias Jesus' gesetzt" (ebd. 71).
Ps 110, 1b half also mit zu der Erkenntnis, daß das Osterereignis nicht identisch ist mit dem Parusieereignis.

Ich habe in meinen bisherigen Ausführungen schon
wiederholt auf das Problem des „Verstehens" hingewiesen. Was ermöglichte der Urkirche ihr neues, z. T. „ge-
walttätiges" Verstehen der „Schriften"?

3. Zum „Verstehen" der Schrift in der Urkirche

Zweifellos hat die Urkirche ein neues „Verstehen" der
alttestamentlichen „Schriften" entwickelt, und zwar,
wie es scheint, schon sehr bald nach Ostern. Wie kam es
dazu? Was legitimierte sie dazu? Warum verstand sie
„die Schrift" anders als die Juden sie bis heute verstehen?

[33] Ebd.
[34] Ebd. 71.

„Auslegen" hat mit „verstehen" zu tun. „Bedeutung erlangen Texte nur über den Weg des Verstehens" (Tr. Holtz)[35]. „Verstehen ist ... die stets neue Konfrontation sich wandelnder geschichtlicher Situation mit dem überkommenen Text, den der Verstehende sich aneignen will. Wird dabei der Text wirklich verstanden, so wird er ganz rezipiert, zugleich aber auch ganz verwandelt, weil in eine neue Geschichte transponiert. Er verliert und gewinnt zugleich bei diesem Vorgang. Er verliert das konkrete geschichtliche Gewand seiner ursprünglichen Situation, gewinnt aber eine neue geschichtliche Gestalt hinzu, die der ursprünglichen kongruent ist, sofern es sich um gelungenes, gültiges Verstehen handelt. Dieses stellt nicht eine identische Reproduktion des Textes dar, sondern seine Transformation in eine neue Geschichte, die sich mit ihm verbindet ... In jedem geschichtlichen Moment ist eine Fülle von Möglichkeiten seiner Entfaltung enthalten ... Im Anfang seiner Entwicklung ist erst die Möglichkeit ihres Verlaufes angelegt, neben vielen weiteren Möglichkeiten; das Frühere enthält das Spätere nur als Möglichkeit, nicht als Notwendigkeit in sich". Damit ist auch das Thema „Die Einheit der Bibel" mitangesprochen. Geschichte läßt sich „nicht in ihrer Entfaltung aus ihrem Anfang her erschließen", bemerkt Holtz mit Recht; deshalb kann man „das Neue Testament

---

[35] *Tr. Holtz*, Das Alte Testament und das Bekenntnis der frühen Gemeinde zu Jesus Christus, in: K. Kertelge u. a. (Hg.), Christus bezeugen (FS für Wolfgang Trilling) (Leipzig 1989) 55–66 (65); wieder abgedruckt in *Tr. Holtz*, Geschichte und Theologie des Urchristentums. Gesammelte Aufsätze (Tübingen 1991) 92–105. Wir zitieren den Aufsatz nach der Erstveröffentlichung in der Trilling-Festschrift. Vgl. ferner den instruktiven Beitrag von *Kl. Koch*, Der doppelte Ausgang des Alten Testamentes in Judentum und Christentum, in: JBTh 6 (1991) 215–242.

nicht aus dem Alten Testament herauslesen"[36]. Das bedeutet wohl auch, daß der alttestamentliche „Tradi-
tions- und Offenbarungsprozeß" nicht mit Notwendigkeit auf das „Christusereignis", noch deutlicher gesagt:
auf Jesus von Nazareth, hinläuft. Gewiß gibt es im Alten
Testament eine Tendenz, eine Offenheit auf Zukunft
und Erfüllung hin, besonders aufgrund der prophetischen Verheißungen. Aber jeder Bibliker weiß auch, daß
z. B. die messianischen Verheißungen des Alten Testaments vieldeutig sind; da herrscht ein Pluralismus – verwiesen sei dazu etwa auf den von *Ursula Struppe*
herausgegebenen Sammelband „Studien zum Messias-
bild im Alten Testament" (Stuttgart 1989) mit einer instruktiven Einführung der Herausgeberin, und auf den
ersten, umfangreichen Beitrag darin von *E. Zenger*, Jesus
von Nazareth und die messianischen Hoffnungen des
alttestamentlichen Israel (ebd. 23–66). Im Fortgang der
„Heilsgeschichte" – bekanntlich auch ein umstrittener
Begriff[37] – „werden Möglichkeiten des [alttestamentli-
chen] Textes entfaltet, zur Wirkung gebracht – sie werden wirklich –, die in ihm angelegt sind, die nicht
indessen seine einzige Möglichkeit darstellen. Indem das
Verstehen Möglichkeiten zu Wirklichkeiten werden
läßt, bereichert es den Text, legt ihn aber auch fest ..."
(Holtz)[38], wie etwa die Aussagen des Ps 110, 1 im Blick
auf das „Christusereignis". Holtz bemerkt sehr richtig:
„Das christliche Verstehen erschließt nicht *den* Sinn des
Alten Testaments, so als ergäbe sich aus ihm heraus
keine andere Möglichkeit legitimen Verstehens. Es er-

[36] A. a.O. (s. Anm. 35) 65.
[37] Vgl. dazu etwa *H. Graf Reventlow*, Hauptprobleme der alttestamentlichen Theologie im 20. Jahrhundert (= Erträge der Forschung 203)
(Darmstadt 1982) 96–121 („Das Problem der Heilsgeschichte").
[38] A.a.O. 66.

greift vielmehr *eine* seiner Möglichkeiten und macht sie zur allein wirklichen ... Das Neue Testament erhebt den Anspruch, die Wahrheit der Geschichte, die das Alte Testament bestimmt und von der es zeugt, auf seiner Seite zu haben. Denn der Gott, dessen Geschichte das Alte Testament bekundet und der selbst durch das Alte Testament spricht, hat end-gültig, sich und seine Geschichte definierend, gehandelt in der Christus-Geschichte Jesu"[39].

Das ist die Überzeugung der Urgemeinde und der Urkirche. Kreuz und Auferstehung Jesu haben eine hermeneutische Funktion. Aber dies zu sehen, war für sie keine Selbstverständlichkeit. Sie bedurften dazu der Hilfe des Herrn selber, was vor allem Lk betont. Der Auferstandene sagt zu den Emmausjüngern: „O ihr Unverständigen und Trägen im Herzen, zu glauben an alles, von dem die Propheten redeten. Mußte nicht dieses leiden der Christus und hineingehen in seine Herrlichkeit? Und beginnend von Moyses und von allen Propheten, *auslegte* er ihnen in allen Schriften das *über sich*" (Lk 24,25–27). Seine „Auslegung" ermöglicht ihnen das neue „Verstehen" der „Schriften" des Alten Testaments; „er eröffnete uns die Schriften" (24,32). Und zu den Aposteln, denen er in Jerusalem erschien, sagt er: „Diese (sind) meine Worte, die ich redete zu euch, als ich noch war mit euch: *Es muß erfüllt werden* alles Geschriebene im Gesetz (des) Moyses und in den Propheten und Psalmen *über mich*. Dann öffnete er ihren Verstand, zu *verstehen* die Schriften; und er sagte zu ihnen: So ist geschrieben, daß leidet der Christus und aufsteht aus Toten am dritten Tag ..." (Lk 24,44–46). Lukas reflektiert also über die „neue" Hermeneutik, ähnlich wie auch der

---

[39] Ebd.

Johannesevangelist, für den „die Schrift" Christuszeugnis ist (vgl. Joh 5, 39.46; 12, 16). Und Paulus konstatiert, daß auf den Herzen „der Juden bis zum heutigen Tag" eine „Decke bei der Verlesung des Alten Bundes" liegt, so daß sie „die Schrift" nicht als Christuszeugnis zu lesen vermögen; „so oft aber immer er [ein Jude] sich hinwendet zum Herrn, wird weggenommen die Decke" (2 Kor 3, 14–16), und kann die Schrift als Christuszeugnis gelesen und verstanden werden, anders nicht. Warum diese „Decke" „bis heute" auf den Herzen der Juden beim Verlesen und Hören der Tora liegt, bleibt Gottes Geheimnis, das wir nicht durchschauen. Jedenfalls haben die Juden eine andere „Möglichkeit" des Schriftverständnisses in ihrer Auslegung der heiligen Schriften Israels realisiert – an Christus und am Evangelium vorbei. Einem Juden, aber nicht bloß ihm, sondern auch dem christlichen Exegeten, der den ursprünglichen *sensus* der alttestamentlichen „Schriften" (des „TaNaK") mit dem *sensus* vergleicht, den die Urkirche, etwa Paulus mit seiner Auslegung der Psalmen in Röm 9–11, entwickelt hat, scheint ihre Schriftauslegung „gewalttätig" zu sein[40]. Doch hängt die „neue" Hermeneutik der Urkirche mit dem „Bruch" zusammen, den das Christusereignis mit sich brachte, worauf wir schon in unserer Vorbemerkung kurz hinwiesen. „Die Schrift" wurde durch die Hinzu-

---

[40] Jedoch muß man sagen, daß auch die Schriftauslegung des rabbinischen Judentums „gewalttätig" ist: „... vom Blickwinkel der herkömmlichen Bibelwissenschaft ... her erscheint die rabbinische Exegese historisch ‚unmöglich'": so *Kl. Koch*, Der doppelte Ausgang des Alten Testaments in Judentum und Christentum (s. Anm. 35); dazu seine „Dritte These: Indem Jesus wie die Pharisäer, die Urgemeinde wie die Rabbiner sich vom Tempel und seinem Heiligkeitsanspruch distanzieren, setzen sich beide spätisraelitischen Gruppierungen notwendigerweise von zentralen Vorstellungen des Alten Testaments ab und deuten sie um" (ebd. 236 f; bei Koch kursiv).

nahme des „Neuen Testaments" erweitert, so daß die Bibel des Christen aus zwei Teilen besteht: aus dem Alten *und* dem Neuen Testament. Welche theologische Klammer hält beide Teile letztlich zusammen?

4. *JHWH setzt sich durch!*
Der „Jahwismus" als Grundfaktor der Einheit der Bibel

Wie wir im ersten Teil unserer Ausführungen sahen, sind auf die Frage nach der Einheit und Ganzheit der Bibel Alten und Neuen Testaments viele Antworten gegeben worden, die fast ausschließlich von Alttestamentlern stammen. Ich wage nun als Neutestamentler, auch eine (meine) Antwort auf die Frage nach der Einheit der Bibel zu geben, und bringe sie auf die Formel: *JHWH setzt sich durch!* Damit verbinde ich sofort eine weitere Frage, die zunächst seltsam klingen mag, nämlich diese: Wer setzt sich durch: der μόνος θεός („der eine und einzige Gott") oder JHWH, der Gott Israels? Diese Frage mag zunächst seltsam klingen.

Über die Entstehung des „Monotheismus" ist in letzter Zeit eine halbe Bibliothek geschrieben worden[41]. Die

---

[41] Vgl. etwa *B. Lang* (Hg.), Der einzige Gott. Die Geburt des biblischen Monotheismus (München 1981); *E. Haag* (Hg.), Gott, der einzige. Zur Entstehung des Monotheismus in Israel (QD 104) (Freiburg/Basel/Wien 1985); *F.-L. Hossfeld*, Einheit und Einzigkeit Gottes im frühen Jahwismus, in: *M. Böhnke/H. Heinz* (Hg.), Im Gespräch mit dem dreieinigen Gott (FS für Wilhelm Breuning) (Düsseldorf 1985) 57–74; *G. Schmuttermayr*, Vom Gott unter Göttern zum einzigen Gott. Zu den Spuren der Geschichte des Jahweglaubens in den Psalmen, in: *E. Haag / F.-L. Hossfeld* (Hg.), Freude an der Weisung des Herrn. Bei-

Rekonstruktionsversuche sind vielfältig und keineswegs einmütig[42]. B. Lang versucht, einen Ansatz von Morton Smith aufnehmend, „eine Geschichte der Alleinverehrung Jahwes zu entwerfen"[43]. Ausgehend vom „Hintergrund: Das polytheistische Israel" will Lang fünf Phasen in der Entstehung des Monotheismus in Israel erkennen. Phase 1: der Kampf gegen Baal im 9. Jahrhundert; Phase 2: der Prophet Hosea; Phase 3: die hiskijanische Reform; Phase 4: die joschianische Reform; Phase 5: der Durchbruch zum Monotheismus, wozu sich nach Lang in dieser Phase „fünf Interessen" der Jahwe-allein-Bewegung hervorheben lassen: „a) Ein pädagogisches Interesse, das sich nicht selten zu erzieherischem Pathos steigert ... b) Ein Interesse an der *Institutionalisierung* des Jahwe-al-

---

träge zur Theologie der Psalmen (FS für Heinrich Groß) (Stuttgart ²1987) 349–374; *E. Zenger*, Der Gott der Bibel. Sachbuch zu den Anfängen des alttestamentlichen Gottesglaubens (Stuttgart ²1981); *W. Groß*, JHWH und die Religionen des Nicht-Israeliten, in: ThQ 169 (1989) 34–44; *J. P. Floss*, Jahwe Dienen – Göttern Dienen (BBB 45) (Bonn 1975); *J. Schreiner*, Ein Volk durch den einen Gott, in: *J. Schreiner/K. Wittstadt (Hg.)*, Communio Sanctorum. Einheit der Christen – Einheit der Kirche (FS für Bischof Paul-Werner Scheele) *(Würzburg 1988) 15–33 (für mich besonders hilfreich!)*; *M. Weippert*, Synkretismus und Monotheismus. Religionsinterne Konfliktbewältigung im alten Israel, in: *J. Assmann / D. Harth* (Hg.), Kultur und Konflikt (Edition Suhrkamp, NF 612) (Frankfurt/M. 1990) 143–179 (mit Literatur); *Tr.N. D. Mettinger*, The Elusive Essence. JHWH, El and Baal and the Distinctiveness of Israelite Faith, in: *E. Blum u. a.* (Hg.), Die Hebräische Bibel und ihre zweifache Nachgeschichte (FS für Rolf Rendtorff) (Neukirchen/Vluyn 1990) 393–417 (mit umfassender Literatur); *H. D. Preuß*, Theologie des Alten Testaments I (Stuttgart/Berlin/Köln 1991) 124–132 („Die Herausbildung des Monotheismus").

[42] Darüber orientieren gut *N. Lohfink*, Zur Geschichte der Diskussion über den Monotheismus im Alten Israel, in: *E. Haag* (Hg.), Gott, der einzige (s. Anm. 41) 9–25; *W. H. Schmidt*, „Jahwe und ...". Anmerkungen zur sog. Monotheismus-Debatte, in: *E. Blum u. a.* (Hg.), Die Hebräische Bibel und ihre zweifache Nachgeschichte (s. Anm. 41) 435–447.

[43] *B. Lang*, Die Jahwe-allein-Bewegung, in: *ders.* (Hg.), Der einzige Gott (s. Anm. 41) 47–83.

lein-Gedankens, das im *Sabbat* verwirklicht wird ...
c) Ein Interesse an der Kontrolle des religiösen Verhaltens ... d) Ein politisches Interesse. Man arbeitet auf die *Wiederherstellung des jüdischen Gemeinwesens* hin, dessen einziger kultischer Mittelpunkt der wiedererbaute Jerusalemer Tempel ist ... e) Ein theologisches Interesse an der Ergänzung der Alleinverehrung Jahwes durch Leugnung der Existenz anderer Götter, d. h. ein Interesse, die Jahwe-Monolatrie zum Monotheismus weiterzubilden." In der Schlußüberlegung stellt Lang die Frage: Ist der Monotheismus Israels „Ergebnis einer Entwicklung oder bewußte Schöpfung?" Und Lang bemerkt dazu: „Es gibt keinen ,natürlichen' Hang der semitischen Seele zum Monotheismus oder eine Geographie des Eingottglaubens, die von sich aus eine Entwicklung anstoßen oder ihr die Voraussetzungen schaffen. Nachdem die Jahwe-allein-Idee einmal geschaffen ist und mit einer gewissen ruckartigen Plötzlichkeit auftritt, gibt es immer wieder Männer, die um den Einfluß dieser Religionsform besorgt sind und ihr im Kampf gegen Israels polytheistischen Kult zum Sieg verhelfen. Dabei steht der Untergang einer keineswegs von sich aus überzeugenden Idee stets auf dem Spiel. Auch wenn die Träger jener minoritären Jahwe-allein-Bewegung größtenteils anonym bleiben, darf man von den ,Stiftern' des jüdischen Monotheismus reden. In der zwar lückenhaften, aber doch in ihren Grundzügen erkennbaren Religionsgeschichte Israels kann man eine Kette von Revolutionen sehen, die in rascher Folge vom Kampf gegen den tyrischen Baal im 9. Jahrhundert über die Jahwe-allein-Idee des 8. Jahrhunderts bis zur Durchsetzung der Alleinverehrung im späten 7. Jahrhundert und zum Monotheismus des 6. Jahrhunderts führen".

Ich kann vielen Formulierungen Langs zustimmen,

z. B. der: „Es gibt keinen ‚natürlichen' Hang der semitischen Seele zum Monotheismus". Wenn es diesen „natürlichen" Hang nicht gibt, wieso kam es dann doch in Israel zur monotheistischen Jahwe-allein-Verehrung? Wie kamen diese „Idee" und diese „Interessen" in Israel überhaupt auf? Hat Israel JHWH gewollt?

Das Alte Testament (der „TaNaK") kommt wiederholt auf den Widerstand Israels gegen seinen Gott JHWH zu sprechen; es suchte immer wieder sein Heil bei Göttern und Götzen der heidnischen Umgebung und ihren Kulten. *Beispiele*: Num 25, 1 f: „Als sich Israel in Schittin aufhielt, begann das Volk mit den Moabiterinnen Unzucht zu treiben. Sie luden das Volk zu den Opferfesten ihrer Götter ein, das Volk aß mit ihnen und fiel vor ihren Göttern nieder"; Ri 6, 25–32 (Zerstörung des Baal-Altars durch Gideon); Hos 2; 11, 7: „Mein Volk verharrt in der Treulosigkeit, sie rufen zu Baal, doch er hilft ihnen nicht auf"; 13, 2: „Nun sündigen sie weiter und machen sich aus ihrem Silber gegossene Bilder, kunstfertig stellen sie Götzen her – alles nur ein Machwerk von Schmieden. Ihnen, so sagen sie [die Ephraimiten], müßt ihr opfern. Menschen küssen Kälber"; Jer 2, 5: „So spricht der Herr: Was fanden eure Väter Unrechtes an mir, daß sie sich von mir entfernten, nichtigen Göttern nachliefen und so selber zunichte wurden?"; 2, 8: „Die Hüter des Gesetzes kannten mich nicht, die Hirten des Volkes wurden mir untreu. Die Propheten traten im Dienst des Baal auf und liefen unnützen Götzen nach"; 2, 11: „Hat je ein Volk seine Götter gewechselt? Dabei sind es gar keine Götter. Mein Volk aber hat seinen Ruhm gegen unnütze Götzen vertauscht"; 2, 20: „Von jeher hast du dein Joch zerbrochen, deine Stricke zerrissen und gesagt: Ich will nicht dienen. Auf jedem hohen Hügel unter jedem üppigen Baum hast du dich als Dirne hingestreckt";

Jer 44; Ez 8, 5–18; Jes 65, 1–3: „Ich sagte zu einem Volk, das meinen Namen nicht anrief: Hier bin ich, hier bin ich. Den ganzen Tag streckte ich meine Hände aus nach einem abtrünnigen Volk, das einen Weg ging, der nicht gut war, nach seinen eigenen Plänen; nach einem Volk, das in seinem Trotz mich ständig ärgert. Sie bringen Schlachtopfer dar in Gärten und Rauchopfer auf Ziegeln" (nämlich den Götzen); Ps 78; Ps 81, 9–12: „Höre, mein Volk, ich will dich mahnen! Israel, wolltest du doch auf mich hören! Für dich gibt es keinen anderen Gott. Du sollst keinen fremden Gott anbeten. Ich bin der Herr, dein Gott, der dich heraufgeführt hat aus Ägypten. Tu deinen Mund auf! Ich will ihn füllen. Doch mein Volk hat nicht auf meine Stimme gehört; *Israel hat mich nicht gewollt*"[44].

Aus all diesen Anklagen ergibt sich: Israel hatte keine „natürliche" Neigung zu JHWH; es hatte keinen „transzendentalen Ansatz" auf ihn hin. Schaut man genau hin, dann muß man vielmehr sagen: *JHWH war für Israel eher ein Oktroi*! Er hat sich Israel „aufgedrängt". JHWH leuchtete Israel nicht ein. Der „Jahwismus" war keine „Idee" Israels, er wurde nicht aus der „Seele" Israels gebo-

---

[44] Vgl. dazu auch *M. Weippert*, Synkretismus und Monotheismus (s. Anm. 41) 148 ff.; Weippert bemerkt zunächst: „Es ist eine bemerkenswerte Erscheinung, wenn sich fast die gesamte Literatur eines antiken Volkes, die uns überliefert ist, kritisch mit dessen religiöser, politischer und ethischer Haltung auseinandersetzt und sie verurteilt. Der Gedanke liegt nahe, daß sich darin der Genius Israels ausdrückt, daß dies ein Zeichen für seine Andersartigkeit, ja Analogielosigkeit in der Welt des Alten Orients – und darüber hinaus – ist" (149), meint aber dann doch, „daß die einschlägigen [oben zitierten] Texte sämtlich tendenziös sind. Sie sind nicht *sine ira et studio* verfaßt. Sie haben eine Botschaft, die sie ihrem Publikum vermitteln wollen in der Absicht, es zu überzeugen und zur Änderung seines bisherigen Verhaltens zu veranlassen" (ebd.). Natürlich ist diese Tendenz vorhanden, die jedoch nicht zu der Meinung verleiten darf, die Aussagen dieser Texte seien Erfindungen der JHWH-Protagonisten ohne *fundamentum in re*.

ren, er entsprang nicht dem *desiderium naturale* Israels. Israel sträubte sich mit Händen und Füßen gegen JHWH. Der Baalskult u. a. entsprach seinen natürlichen Sehnsüchten; Baal leuchtete ihm ein. Bei Baal, bei anderen Götzen und bei der „Himmelskönigin" (Jer 44, 17) suchten sie ihr Heil. Das Bilderverbot traf sie schwer[45]. „Der Wille zur Abgrenzung von fremden Göttern und Kulten konnte nur wirksam werden, wenn alle Hinweise auf diese wichen; dazu gehören Bilder und Symbole an erster Stelle" (Dohmen)[46]. Auch die Erzählung vom „Goldenen Kalb" in Ex 32 muß hier genannt werden[47].

Der „Oktroi" JHWH setzt sich durch: dies erzählt das Alte Testament , der TaNaK (und mit ihm das Neue Testament); er setzt sich als der eine und einzige Gott durch, als den ihn Israel bekennt („Š°ma Israel"!), freilich nicht von heute auf morgen, vielmehr in einem Jahrhunderte währenden Prozeß, den die Monotheismusforscher unter den Alttestamentlern zu rekonstruieren versuchen[48]. Aber nicht das macht das Wesen des „Jahwismus" aus. JHWH ist vielmehr der, der „sich in Juda erkennen ließ", dessen „Name groß ist in Israel", dessen „Zelt in Salem erstand" und dessen „Wohnung auf dem Zion" (Ps 76, 2f). „Als Israel aus Ägypten auszog, Jakobs Haus aus dem Volk mit fremder Sprache, da wurde Juda Gottes Heiligtum, Israel das Gebiet seiner Herrschaft" (Ps 114, 1). JHWH ist der, der „sein Gesetz in Jakob aufstellte", der „Israel Weisung gab" (Ps 78, 5). JHWH ist

---

[45] Vgl. dazu *Chr. Dohmen*, Das Bilderverbot. Seine Entstehung und seine Entwicklung im Alten Testament (BBB 62) (Frankfurt ²1987); *F.-L. Hossfeld*, Du sollst dir kein Bild machen! Die Funktion des alttestamentlichen Bilderverbots, in: TrThZ 98 (1989) 81–94.

[46] A.a.O. (s. Anm. 45) 276.

[47] Vgl. zu ihr die eingehenden Analysen bei *Dohmen*, ebd. 66–147.

[48] Vgl. dazu die in unserer Anm. 41 angeführte Literatur.

„der Gott Jakobs", „der Gott Israels", „der Heilige Israels", der Israel aus unbegreiflichen Gründen erwählt hat.

JHWH ist der Gott Israels, Israel ist das Volk JHWHs,
und der Chor der radikalen Monotheisten, Monolatri-
sten und selbst der „Polytheisten" in Israel ist sich darüber hinaus darin einig, „daß dieses besondere Verhältnis zwischen Gott und Volk einen konkreten, in der
Geschichte auszumachenden Anfang hat" (M. Weippert)[49]. JHWH geht eine „Ehe" mit diesem Volk ein und
schließt mit ihm einen Vertrag („Bund"). Das begründet
den Vorrang und die Analogielosigkeit Israels unter den
Völkern. JHWH zwang und zwingt Israel zur dauernden
Identitätswahrnehmung. Der „Jahwismus" ist der Grund
der Einsamkeit und der „Fremdheit" des Judentums in
der Welt. Nach E. Lévinas (und P. Celan)[50]; bedeutet Judentum:

– Ent-heidnung der Welt
– Eine extreme Möglichkeit – oder Unmöglichkeit –
  der Menschheit
– Ein Aufplatzen der Welt
– Eine Schlaflosigkeit im Bett des Seins
– Ein Ausgestoßenwerden aus der „Weltlichkeit der
  Welt"
– „der Jud und die Natur, das ist zweierlei" (P. Ce-
  lan).

Wenn JHWH in die scheinbar so evidente (Götter-)
Welt der Gojim einbricht und sich in einem lange währenden Prozeß durchsetzt, der von der Bibel bezeugt
wird, so bedeutet das nicht, daß JHWH erst allmählich
mit Hilfe der Geschichte zu seinem Selbstbewußtsein

[49] A.a.O. (s. Anm. 41) 145.
[50] Vgl. *E. Lévinas*, Eigennamen. Meditationen über Sprache und Literatur (München / Wien 1988) 62.

kommt wie der Gott Hegels[51]. Vielmehr kommen die JHWH-Verehrer, *volentes/nolentes*, allmählich im Lauf ihrer Geschichte zu *ihrem* Selbstbewußtsein.

Dazu wieder einige Sätze des jüdischen Philosophen E. Lévinas aus seinem Buch „Schwierige Freiheit"[52] zum „jüdischen Monotheismus" (von mir lieber „Jahwismus" genannt):

„Der jüdische Monotheismus preist nicht eine heilige Macht, ein *numen*, das über andere numinose Mächte triumphiert, aber an ihrem verborgenen und geheimnisvollen Leben noch teilhat. Der Gott der Juden ist nicht der Überlebende mythischer Götter ... Der Monotheismus bricht mit einer bestimmten Auffassung des Heiligen. Weder vereinheitlicht noch hierarchisiert er diese vielen numinosen Götter; er negiert sie. Gegenüber dem Göttlichen, das sie verkörpern, ist er schierer Atheismus" (25). – „Was sagt die Stimme Israels und wie läßt sie sich in wenigen Sätzen wiedergeben? Vielleicht sagt sie nichts anderes als den Monotheismus, zu dem die jüdische Bibel die Menschheit geführt hat" (40). – „Der

---

[51] Vgl. dazu *F. Mußner*, Die „Logik" Gottes nach Röm 9–11, in: *ders.*, Dieses Geschlecht wird nicht vergehen. Judentum und Kirche (Freiburg/Basel/Wien 1991) 61–63; *E. Lévinas*, Hegel und die Juden, in: *ders.*, Schwierige Freiheit. Versuch über das Judentum (Frankfurt/M. 1992) 177–181. „Falls man – angesichts der offenkundigen Phantastereien, denen sich im Namen seiner erhabenen Schemata derjenige hingibt, der wahrscheinlich der größte Denker aller Zeiten ist – sich nicht fragt, ob die Sprache vielleicht ein anderes Geheimnis birgt als jenes, das die griechische Tradition ihr bringt, und eine andere Sinnquelle hat; ob die vermeintlichen ‚Vorstellungen' – die sogenannten ‚Nicht-Gedanken' – der Bibel vielleicht mehr Möglichkeiten enthalten als die Philosophie, die sie ‚rationalisiert', jedoch nicht von ihnen Abschied zu nehmen vermag; ob der Sinn nicht von den Schriften abhängt, die ihn erneuern; ob das absolute Denken fähig ist, Moses und die Propheten zu umfassen; das heißt, ob es nicht angebracht ist, das System, und sei es rückwärts, durch eben die Tür zu verlassen, durch die man es, wie Hegel meint, betritt" (181).
[52] S. dazu Anm. 51.

Monotheismus ist nicht nur Abscheu vor den Götzen, sondern Gespür für die falschen Weissagungen" (166).

Ich finde es erfreulich, daß H. D. Preuß den Erwählungsgedanken ins Zentrum seiner „Theologie des Alten Testaments" stellt [53]. Zustimmend zitiere ich aus ihr: „JHWH handelt nach dem AT nun primär an Israel, und dieses sein Handeln war nicht nur ein einmaliges. JHWH *erwählt* sich durch geschichtliches Handeln eine Gruppe, ein Volk zur Gemeinschaft mit ihm. Damit und dadurch verpflichtet er sich zugleich dieses Volk. So gewinnt ‚Gottesgemeinschaft und Gottesherrschaft' (G. Fohrer) ihre Gestalt, darin hat sie ihren Grund. Diese ‚Erwählung' geschah im Grundgeschehen des Exodus aus Ägypten, der Rettung am Meer, wurde aber auch immer wieder, wie etwa bei der Installierung des Königtums oder der Eingliederung des Zion in die Glaubenswelt Israels, als solche erfahren und bezeugt. ‚Erwählung' ist damit offen für weiteres, neues Handeln JHWHs an seinem Volk, gibt das Interpretationsmuster für weitere Erfahrungen mit diesem Gott, ist damit eine Grundstruktur atl. Zeugnisses von JHWH, nennt des AT's innere Einheit (Hasel), kennzeichnet das für das AT und seinen Gott Typische, die ‚Grunddimension' atl. Glaubens" [54].

JHWH selbst ist „der Stifter", der sich in Israel, das er erwählt hat, und schließlich in der ganzen Welt, die er geschaffen hat, durchsetzt und zwar in einem dynamischen Prozeß, der sich im „kanonischen Prozeß" widerspiegelt (darüber weiter unten). Dieser Durchsetzungsprozeß äußert sich nach dem Zeugnis der Bibel *als Widerspruch und als Rettung.*

Wo zeigt sich näherhin JHWH als der Widerspre-

---

[53] *H. D. Preuß*, Theologie des Alten Testaments. Band I: JHWHs erwählendes und verpflichtendes Handeln (Stuttgart/Berlin/Köln 1991).
[54] Ebd. 28.

chende? Gegen wen setzt er sich nach dem Zeugnis der Bibel mit seinem Widerspruch durch? Dafür wichtige Stichworte:
- gegen das Nichts
- gegen Finsternis und Chaos
- gegen die Sündenmacht
- gegen den Turmbau in den Himmel
- gegen den Pharao und seine Pläne
- gegen die Baalim und den Fruchtbarkeitskult
- gegen die übrigen Götter und Götzen
- gegen die heidnische, götzendienerische Bilderverehrung
- gegen die gottwidrigen Weltmächte (Buch Daniel!)
- gegen die Satansherrschaft durch die Aufrichtung der Gottesherrschaft
- gegen den „Antichrist" (Joh-Apokalypse!)
- gegen den Tod.

Sein Widerspruch manifestiert sich vor allem im „Du sollst nicht" des Dekalogs. Gerade in diesem „Du sollst nicht" offenbart sich JHWH als „der Heilige (Israels)": eines der wichtigsten Gottesprädikate im Alten Testament, wenn nicht das wichtigste überhaupt, mit dem JHWH sich *als der Gott der Ethik* zur Sprache bringt. Dazu wieder E. Lévinas[55]: „Die Ehtik ist nicht die Folge der Gottesschau, sie ist diese Schau selbst. Die Ethik ist eine Optik, so daß alles, was ich von Gott weiß, und alles, was ich von Seinem Wort hören und Ihm vernünftigerweise sagen kann, einen ethischen Ausdruck finden muß. In der Heiligen Lade, aus der Moses die Stimme Gottes hört, befinden sich lediglich die Gesetzestafeln. Die Kenntnis Gottes, die wir haben können und die sich Maimonides zufolge in Form negativer Attribute aus-

---

[55] Schwierige Freiheit (s. Anm. 51) 29.

drückt, erhält im Licht der Moral einen positiven Sinn: ‚Gott ist barmherzig' bedeutet: ‚Seid barmherzig wie er'. Die Attribute Gottes stehen nicht im Indikativ, sondern im Imperativ. Die Kenntnis Gottes erlangen wir als ein Gebot, als eine *Mizwa*. Gott kennen heißt wissen, was zu tun ist".

„Dem Schwachen und Armen verhalf er zum Recht. Heißt das nicht, mich wirklich erkennen? – Spruch des Herrn" (Jer 22, 16).

Und worin äußert sich JHWH als der Rettende (Befreiende)? Auch hierfür wichtige Stichworte aus der Bibel:
– Rettung aus der Sintflut
– Rettung aus der Hand des Pharao
– Rettung aus der Hand anderer politischer Mächte
– Rettung aus der allgemeinen Verfallenheit an die Sünde
– Rettung durch das Kreuz
– Rettung aus der allgemeinen Verfallenheit an den Tod
– Rettung der Schöpfung aus ihrer Verderbnis
– Rettung „ganz Israels" am Ende der Zeiten.

Dabei ist zu beachten, daß JHWH sich gerade durch seinen Widerspruch als der Rettende erweist. So rettet er z. B. durch sein widersprechendes „Du sollst nicht" im 5. Gebot das Leben des Menschen! Und wenn auch das Evangelium nach Röm 1, 16 eine „Kraft Gottes zur Rettung für jeden, der glaubt" ist, so enthält es gleichzeitig ein Element des Widerspruchs, weil es nicht „nach Menschengeschmack" ist (Gal 1, 11); und ähnlich widerspricht „das Wort vom Kreuz" „der Weisheit der Welt", es ist „für die Juden ein Skandal, für die Griechen Torheit"; „Gott hat es gefallen, durch die Torheit des Kerygmas die Glaubenden *zu retten*" (1 Kor 1, 18–23).

Cl. Westermann stellt den Teil II seiner „Theologie

des Alten Testaments in Grundzügen"[56]unter den Gedanken der „Rettung": „Der rettende Gott und die Geschichte". Er gliedert den 1. Abschnitt dieses Teils so: 1. Die Erzählung von der Herausführung aus Ägypten. – 2. Die Erfahrung der Rettung am Anfang. – 3. Das Retten Gottes hat eine umfassende Bedeutung im Alten Testament. – 4. Die Erfahrung der Rettung. – 5. Rettung und Erwählung. – 6. Rettung und Bund.

Einige Sätze aus Westermanns „Theologie des Alten Testaments": *„Die Erfahrung der Rettung am Anfang* bedeutet für Israel, daß Jahwe für Israel der Retter *bleibt.* Wie er der Retter am Anfang war, so wird von ihm weiterhin Rettung erwartet, erfleht und erfahren: Jahwe ist der rettende Gott" (30). *„Die Eigenart des Redens von Gott als dem Retter* und von der Rettung Gottes besteht darin, daß die Rettung als Ereignis verstanden wird, das erzählt oder berichtet wird, ein Ereignis mit einer Vor- und Nachgeschichte ... Das Alte Testament meint nicht einen Zustand des Heils, wenn es von Gottes Rettungstaten spricht, sondern einen Vorgang, der deshalb auch im Deutschen besser verbal wiederzugeben ist" (38). „Israel ist Jahwe als seinem Retter begegnet, und Jahwe bleibt der Retter Israels" (46); dem sei hinzugefügt, was Paulus prophetisch in Röm 11,26 ansagt: „Ganz Israel wird gerettet werden". „In der Aussage, daß Gott der Retter ist, stimmen ... das Alte und das Neue Testament überein. Zu seinem Gottsein gehört im Alten wie im Neuen Testament, daß er der Retter ist" (33). Die Botschaft, daß Gott der Rettende ist, ist also ein entscheidendes Element in der Antwort auf die Frage nach der Einheit der Bibel. Er rettet durch die Aufrichtung der Gottesherrschaft.

[56] ATD Ergänzungsreihe 6 (Göttingen 1978) 28–71.

Einige Rettungstexte

„Wahrhaftig, du bist ein verborgener Gott, Israels Gott ist der *Retter*. Schmach und Schande kommt über alle, die Götzenschmiede geraten in Schande. Israel aber wird vom Herrn *gerettet*, wird für immer *gerettet*.

Wer hölzerne Götzen umherträgt, hat keine Erkenntnis, wer einen Gott anbetet, der niemanden *rettet*.

Es gibt keinen Gott außer mir; außer mir gibt es keinen gerechten und *rettenden* Gott. Wendet euch mir zu, und laßt euch *erretten*, ihr Menschen aus den fernsten Ländern der Erde; denn ich bin Gott, und sonst niemand.

Nur beim Herrn – sagt man von mir – gibt es *Rettung* und Schutz" (alle aus Jes 45).

„Gott ist ein Gott, der *Rettung* bringt; Gott, der Herr, führt uns heraus aus dem Tod" (Ps 68, 21).

Der König Darius schreibt „an alle Völker, Nationen und Sprachen auf der ganzen Erde: Friede sei mit euch in Fülle! Hiermit ordne ich an: Im ganzen Gebiet meines Reiches soll man vor dem Gott Daniels zittern und sich vor ihm fürchten. Denn er ist der lebendige Gott; er lebt in Ewigkeit. Sein Reich geht niemals unter; seine Herrschaft hat kein Ende. *Er rettet und befreit*; er wirkt Zeichen und Wunder am Himmel und auf der Erde; er hat Daniel aus den Tatzen der Löwen *errettet*" (Dan 6, 26–28).

Auch *Jesus*, der Gottgesandte, ist wie JHWH der Widersprechende und Rettende. In den Weisungen der „Bergpredigt", speziell in den sog. Antithesen, steigert er sogar den ethischen Widerspruch[57]. Und er ist der Rettende (Befreiende) schlechthin: „der Retter der Welt" (Joh 4, 42; 1 Joh 4, 14).

- Er rettet, indem er Kranke heilt
- Er rettet, indem er Dämonen austreibt
- Er rettet, indem er Tote erweckt
- Er rettet durch sein Kreuz und seine Auferstehung
- Er rettet ins ewige Heil
- Er rettet durch die Aufrichtung der Gottesherrschaft

Das *Evangelium* ist „eine Kraft Gottes zur *Rettung* für jeden, der glaubt, für den Juden zuerst und für den Griechen" (Röm 1, 16). Die Rechtfertigung des Sünders „allein aus Glauben, allein aus Gnade" ist ein Rettungsvorgang. „Denn durch Gnade seid ihr *gerettet* durch Glauben; und dies nicht aus euch, Gottes Geschenk (ist es); nicht aus Werken" (Eph 2, 8). „Als aber die Güte und die Menschenfreundlichkeit Gottes, unseres *Retters,* erschien, hat er uns *gerettet,* nicht auf Grund von Werken in Gerechtigkeit, die wir vollbrachten, sondern nach seinem Erbarmen, durch das Bad der Wiedergeburt und der Erneuerung des Heiligen Geistes, den er in reichem Maß auf uns ausgegossen hat durch Jesus Christus, unseren *Retter,* damit wir, gerechtfertigt durch seine Gnade, Erben würden gemäß der Hoffnung auf ewiges Leben" (Tit 3, 4–7). „Danach sah ich, und siehe eine große Menge, die keiner zählen konnte, aus jedem Volk und Stämmen und Nationen und Sprachen stehend vor dem Thron

---

[57] Eigentlich ist der Begriff „Antithesen" mit Blick auf die Bergpredigt irreführend; man muß nämlich beachten, daß die griechische Partikel δέ, gewöhnlich mit adversativem „aber" wiedergegeben („ich *aber* sage euch"), häufig weiterführenden, überbietenden Sinn hat; so in fast allen „Antithesen" der Bergpredigt: nicht: „ich *aber* sage euch", vielmehr: „ich sage euch *darüber hinaus*".

und vor dem Lamm ... und sie rufen mit lauter Stimme und sagen: Die *Rettung* (kommt) von unserem Gott, der auf dem Thron sitzt, und dem Lamm" (Apk 7,9f). „Und ich hörte eine laute Stimme im Himmel, die sprach: Jetzt ist gekommen die *Rettung* und die Kraft und das Reich unseres Gottes und die Macht seines Gesalbten" (12,10). Noch viele Texte wären hier zu nennen [58].

Das „Benediktus" (Lk 1,68–79) verbindet das Handeln des Gottes Israels, also JHWHs, mit der „Erweckung" des „Horns der Rettung" aus dem Haus Davids:

„Gepriesen (sei) der Herr, *der Gott Israels*,
weil er heimgesucht und Befreiung für sein Volk gemacht hat, und erweckt hat ein Horn der *Rettung* für uns im Haus Davids, seines Knechtes".

JHWH setzt sich durch und zwar als der Widersprechende und Rettende. Er ist und bleibt dabei bis zuletzt der eigentlich Handelnde, wenn er auch seine Helfer hat: die JHWH-allein-Verehrer in Israel, vor allem die Propheten, und seinen Sohn und Messias Jesus und dessen Sendboten. JHWH setzt sich nicht auf einmal durch, auch wenn er unerwartet auf der Bühne der Welt erscheint, vielmehr in einem lange währenden, dynamischen Prozeß, der seinen Niederschlag im „kanonischen Prozeß" der Bibel Alten und Neuen Testaments gefunden und für immer im Kanon seine Fixierung und Dokumentierung gefunden hat.

Über die Probleme, die mit den Stichworten „dynamischer Prozeß", „kanonischer Prozeß", „Kanon" und „kanonische Schriftauslegung" zu tun haben, wird weltweit diskutiert [59]. Wir mischen uns in diese Diskussion nicht

---

[58] Man vgl. dazu nur den umfangreichen Artikel *sózo, sotária, sotär, sotários* von *Foerster* und *Fohrer* im ThWNT VII, 966–1024.
[59] Vgl. etwa *Jahrbuch für Biblische Theologie*, Band 3 (1988): Zum Problem des biblischen Kanons; *R. Rendtorff*, Kanon und Theologie. Vor-

ein, sondern versuchen nur von unserer These her, „JHWH setzt sich durch", einige Sätze über das Verhältnis von „dynamischem Prozeß" und „kanonischem Prozeß" zu formulieren, inspiriert vor allem durch die Arbeit von Chr. Dohmen und M. Oeming (s. Anm 59). In dem dynamischen Offenbarungsprozeß, in dem JHWH sich durchsetzt, schafft er sich Glaubensgemeinschaften, nämlich Israel und die Kirche. Beide haben heilige Bücher, Israel den „TaNaK", die Kirche dazu das „Neue Testament", das letztere hervorgegangen aus dem eschatologischen Handeln JHWHs in Jesus Christus. Diese heiligen Bücher, auch „Bibel" genannt, sind nicht vom Himmel gefallen, sondern sind das Ergebnis eines langen Prozesses, speziell im Fall des „Alten Testaments"; sie haben ihre Vorgeschichte, die nicht unberücksichtigt bleiben kann. „Insofern wird man die Kanonisierung nicht zur Richterin über den kanonischen Prozeß zugunsten des Endstadiums machen dürfen"[60]. Der Endtext der Bibel ist ja das literarische „Ergebnis" des dynamischen Offenbarungsprozesses, mit dem JHWH sich in Israel und in der Welt durchsetzt. Deshalb muß in der Schriftauslegung der „kanonische Prozeß", in dem sich der „dynamische Prozeß" des Handelns JHWHs widerspiegelt, sorgfältig reflektiert werden, soll die Geschichte des Handelns JHWHs in Israel

---

arbeiten zu einer Theologie des Alten Testaments (Neukirchen/ Vluyn 1991); *O. H. Steck*, Der Abschluß der Prophetie im Alten Testament. Ein Versuch zur Frage der Vorgeschichte des Kanons (Neukirchen/Vluyn 1991); *Kl. Koch*, Rezeptionsgeschichte als notwendige Voraussetzung einer biblischen Theologie – oder: Protestantische Verlegenheit angesichts der Geschichtlichkeit des Kanons, in: H. H. Schmid/J. Mehlhausen (Hg.). Sola Scriptura. Das reformatorische Schriftprinzip in der säkularen Welt (Gütersloh 1991) 143–155; *Chr. Dohmen/M. Oeming*, Biblischer Kanon, warum und wozu? (QD 137) (Freiburg/Basel/Wien 1992). Jeweils mit umfassender Literatur.
[60] *Dohmen/Oeming*, a. a. O. 24.

und in der Welt in den Blick kommen. Das bedeutet: Auch die jeweilige Traditions-, Redaktions- und Rezeptionsgeschichte mit all ihren Spannungen, Widerständen und Fortschritten müssen in die Reflexion des Auslegers miteinbezogen werden[61], weil nur dann das souveräne Handeln JHWHs in der konkreten Geschichte ins Bewußtsein kommt. JHWH setzt sich durch in allen Stufen der biblischen Traditionsbildung bis hin zum „kanonisierten" Endtext. Eine *nur* „kanonische Schriftauslegung", die exklusiv mit dem Endtext arbeitet, bekommt den dynamischen Prozeß, in dem JHWH sich in der Geschichte durchsetzt, nicht wirklich in den Blick, ist vielmehr in der Gefahr, die Bibel nur als „Quelle und Norm des Glaubens" zu sehen. Man muß vielmehr erkennen, „daß *Kanonisierung* gerade nicht zum Tode der Glaubensgeschichte führen will, indem der gesamte *kanonische Prozeß* durch die *Kanonisierung* des ‚Endtextes' für belanglos erklärt würde"[62]. Die Frage nach dem Kanon stellt sich also „als Frage nach der Genealogie des Kanons .., und zwar so, wie die Schrift selbst diese Genealogie festhält"[63].

Unsere These, die „Mitte der Schrift" ließe sich auf die Formel bringen: „JHWH setzt sich durch und zwar als der Widersprechende und Rettende", *ist zugleich unsere Antwort auf die Frage nach der theologischen Klammer für die Einheit und Ganzheit der Bibel.* JHWHs Durchsetzungsvermögen hält die Bibel Alten und Neuen Testaments zusammen. Von diesem Durchsetzungsgeschehen erzählt die Bibel. Und daß JHWH, der Gott Isra-

---

[61] Vgl. dazu jetzt auch *R. Wonneberger*, Redaktion. Studien zur Textfortschreibung im Alten Testament, entwickelt am Beispiel der Samuel-Überlieferung (FRLANT 156) (Göttingen 1992).
[62] *Dohmen/Oeming*, a. a. O. 25.
[63] Ebd.

els, sich in der Geschichte der Menschheit durchsetzt, dies ist nicht bloß der Glaube und die Hoffnung der Christen, sondern auch der Juden. Das „Ende" wird es offenbar machen. Der Eindruck einer „gewalttätigen" Auslegung des Alten Testaments durch die urkirchlichen Hagiographen rührt selbst her von dem dynamischen Prozeß, in dem der in Christus eschatologisch handelnde Gott Israels, JHWH, nun erkannt als der Dreieine, die Welt und ihre Geschichte verwickelt hat.

Damit bin ich zum Schluß meiner Überlegungen gekommen. Meine oben explizierte These verstehe ich als einen Versuch und als ein evtl. brauchbares Programm zur Lösung der Fragen, die mit dem Thema „Die Einheit und Ganzheit der Bibel" gegeben sind. [64] Dabei bin ich mir als Lehrer des Neuen Testaments bewußt, auf einem

---

[64] Wie ich nachträglich sehe, vertritt der Alttestamentler und Systematiker H.-J.*Kraus* dieselbe These wie ich; er bemerkt in seinem Buch: Systematische Theologie im Kontext biblischer Geschichte und Eschatologie (Neukirchen/Vluyn 1983, 142f): „der in seinem Namen sich bekannt machende, vorstellende und also offenbarende Gott ist nicht eine ‚Größe für sich', deren Existenz oder Nicht-Existenz diskutiert werden könnte – so als handle es sich um ein objectum mundi. Vielmehr ist der Gott Israels der in der Geschichte seines Volkes *kommende Gott,* dessen Weg mit Erwählung und Bund beginnt und dessen Ziel die Veränderung und Erneuerung der Schöpfung ist. *Gott kommt in Israel zur Welt.* Keine christliche Erkenntnis Gottes kann auch nur einen Augenblick von diesem Geschehen absehen... Der Name und das Kommen Gottes enthalten den stärksten *Widerspruch gegen jeden abstrakten Monotheismus,* der so oft als allgemeiner Begriff der konkreten Offenbarung vorgeordnet worden ist. Die Selbsterschließung des Namens Gottes und die Geschichte seines Kommens können mit theoretisch-monotheistischen Kategorien nicht erfaßt werden. Erwählung und Bund sind die Propria der kopernikanischen Wende in der Geschichte der Religionen".
Ich füge dem hinzu: *Auch Jesus kam in Israel zur Welt.* Er war Jude und bleibt „der ewige Jude" zur Rechten des Vaters; durch ihn wird die Welt „jüdisch" (vgl. dazu F. *Mußner,* Durch Jesus von Nazareth wird die Welt „jüdisch", in: Anzeiger für die Seelsorge 101, 1992, 145–150).

Feld, das primär dem Lehrer des Alten Testaments zu-
steht, „gewildert" zu haben. Aber vielleicht nicht ganz
ohne Erfolg.

„Gespriesen sei der Herr, *der Gott Israels*,
vom Anfang bis ans Ende der Zeiten!
Alles Volk soll sprechen: Amen. Halleluja!"

(Ps 106, 48)

IV
Mit Sorgfalt auf den Inhalt und die Einheit der ganzen Schrift achten!

Ausblick und Anregungen

Einige Besonderheiten der christlichen Bibel (als *einer* Schrift in *zwei* Teilen) konnten im Vorausgehenden gesammelt und erläutert werden. Dabei wurde diese „geteilte Einheit" der christlichen Bibel sowohl von der Aufnahme und Auslegung des ersten Teils (des Alten Testamentes) im zweiten Teil (dem Neuen Testament) im Horizont gesamtbiblischer Theologie vorgestellt, als auch die theologischen und hermeneutischen Konsequenzen der *formalen Erweiterung* der vorgegebenen Bibel Israels durch das Neue Testament bedacht. Daß im Werden und Wachsen der ganzen Schrift JHWH selbst sich offenbart als der eine und einzige Gott, der sich in der Geschichte der Menschheit durchsetzt, zwingt uns Christen geradezu um des Verstehens der Christusbotschaft willen zur ungeteilten Aufmerksamkeit gegenüber dieser Schrift und zur sorgfältigen Beachtung ihrer Einheit und Ganzheit. Letztere fordert auch das Zweite Vatikanische Konzil ein (vgl. Vat II DV 12). Nach einer kurzgehaltenen In-Augenschein-Nahme dieser Weisung des Konzils, wollen wir zum Abschluß praktische Anregungen vermitteln, die ein Lesen und Verstehen im Sinne der uns vor- und aufgegebenen Einheit der ganzen Schrift ermöglichen.

Zuerst zum Zweiten Vatikanischen Konzil. Es kommt im dritten und vierten Kapitel seiner Dogmatischen Konstitution *Dei Verbum* insgesamt dreimal direkt auf die Einheit der ganzen Schrift zu sprechen. Das erste Mal bei der unter Nr. 11 behandelten Inspirationslehre, wo die Übereinstimmung und unteilbare Gleichheit der ganzen Schrift in diesem Punkt festgehalten wird: „Das von Gott Geoffenbarte, das in der Heiligen Schrift enthalten ist und vorliegt, ist unter dem Anhauch des Heiligen Geistes aufgezeichnet worden; denn aufgrund apostolischen Glaubens gelten unserer Heiligen Mutter, der Kirche, die Bücher des Alten wie des Neuen Testamentes in ihrer Ganzheit mit all ihren Teilen als heilig und kanonisch". Wenn sodann in Artikel 12 die Konsequenzen aus diesem Schriftverständnis für ihre Auslegung gezogen werden, wird wieder auf die Einheit der Schrift zurückgegriffen: „Da die Heilige Schrift in dem Geist gelesen und ausgelegt werden muß, in dem sie geschrieben wurde, erfordert die rechte Ermittlung des Sinnes der heiligen Texte, daß man mit nicht geringerer Sorgfalt auf den Inhalt und die Einheit der ganzen Schrift achtet, unter Berücksichtigung der lebendigen Überlieferung der Gesamtkirche und der Analogie des Glaubens." Die angezielte Verhältnisbestimmung von auszulegendem Text und zu beachtender Einheit der ganzen Schrift bringt den bekannten *hermeneutischen Zirkel* ans Licht, der darin besteht, „daß einerseits das Ganze aus dem einzelnen, andererseits aber das einzelne seinerseits nur aus dem Ganzen verständlich wird. Sodann gilt, damit verbunden, das Prinzip, daß jeder Text in und aus seinem Kontext zu verstehen ist. Ändert und erweitert sich der Kontext, so wird auch der in ihm stehende Einzeltext modifiziert. Er bekommt eine un-

ter Umständen erweiterte Bedeutung und einen tiefe-
ren Sinn"[1].

Nun hat Norbert Lohfink jüngst in einer instruktiven
Analyse dieses Abschnitts aus Dei Verbum 12 aufge-
zeigt, daß das Konzil selbst an dieser Stelle, „wo es von
der Ganzheit der Heiligen Schrift handelt, fast ein wenig
in Atemnot zu geraten scheint"[2]. Er weist zunächst einmal darauf hin, daß der Abschnitt den „professionellen
Schriftausleger", den *Interpres sacrae skripturae,* im
Blick hat und nicht den Verkündiger oder einfachen Bibelleser. Sodann erörtert er die im Eröffnungssatz des Ar-
tikels 12 enthaltene doppelte Verstehensmöglichkeit der
Aufgabe des Exegeten. Es werden dort nämlich zwei Aufgaben genannt, wobei die zweite zur ersten als eigene
hinzukommen oder auch als Erklärung der ersten aufge-
faßt werden kann: Zum einen geht es um die Erforschung der Aussageintention des Textes („. . . sorgfältig
erforschen, was die heiligen Schriftsteller wirklich zu sagen beabsichtigten") und zum anderen um das, was Gott
uns damit sagen will („was Gott mit ihren Worten kund-
tun wollte").

Den Hintergrund dieser doppelten Formulierung beleuchtet Lohfink aus der Geschichte des Konzilstextes
heraus: „Die alte christliche Auslegungstradition kannte
als einen Schriftsinn, der den historischen Sinn über-
wölbte, den geistlichen (oder ‚allegorischen') Sinn der
Schrift, genauer: die neutestamentliche Neulesung des
Alten Testaments"[3]. Daß es um diese „beiden Schrift-

---

[1] *N. Füglister,* Das Alte Testament – Wort Gottes an uns. Die Konzilskonstitution „Dei Verbum" und das Alte Testament, in: H. Paarham-
mer/F.-M. Schmölz (Hg.), Uni trinoque Domino (FS für K. Berg)
(Thaur/Tirol 1989) 146.
[2] *N. Lohfink,* Der weiße Fleck in „Dei Verbum" Artikel 12, TThZ 101,
1992, 21.
[3] Ebd. 23.

sinne" geht (beziehungsweise die *sensus plenior*-Theorie), läßt sich daran erkennen, daß der Konzilstext zuerst die (historisch-kritische) Erforschung des historischen Sinnes, der Aussageintention der Hagiographen behandelt, sodann sich aber einem anderen Sinn zuwendet, dem „Sinn des Textes", was in der Sprache des Eröffnungssatzes als das, was Gott uns damit sagen will, erscheint. Dies leuchtet in dem Hinweis auf die „Einheit der Schrift" auf, was nicht zuletzt die Einheit ihrer beiden Testamente meint. Die Intention der Gesamtschrift ist es ja, die über das hinausgeht, was die Intention der Einzeltexte in der jeweiligen Zeit umfaßt. Der heutige Exeget nun wird die Anweisung, „den Sinn der einzelnen Texte von Inhalt und Einheit der Schrift als ganzer her zu erheben", aufgrund der Entwicklung in der Bibelwissenschaft schon in einem anderen Lichte lesen, denn die vor allem aus Nordamerika kommende Richtung der „kanonischen Schriftauslegung" konzentriert ja geradezu ihr ganzes Interesse darauf, den Kanon der Heiligen Schrift (was letztendlich die Schrift in ihrer Einheit und Ganzheit bedeutet) als theologischen Maßstab und methodischen Ausgangspunkt der Exegese zu bestimmen. Daran hat der Konzilstext natürlich noch nicht gedacht und auch nicht denken können, aber er läßt durchaus eine derartige Füllung zu, ja fordert sie geradezu[4].

---

[4] Auch *N. Füglister* denkt in diese Richtung weiter, wenn er in Fortführung dessen, was oben in bezug auf den hermeneutischen Zirkel zitiert wurde, schreibt: „So läßt sich mittels der allgemein-literarischen Hermeneutik das erklären und begründen, was man in der vorkonziliaren katholischen Bibelwissenschaft als Erweiterung des vom menschlichen Verfasser intendierten Literalsinn den von Gott von vornherein beabsichtigten Vollsinn (sensus plenior) genannt hat" (a.a.O. 146). Und wenn der Konzilstext schließlich seine Forderung nach Beachtung der Einheit der Schrift hinzufügt, daß dies „unter Berücksichtigung der lebendigen Überlieferung der Gesamtkirche und der Analogie des Glaubens" geschehen müsse, dann nähert er sich doch einem Ver-

Ein weiteres Mal betont der Konzilstext die Einheit der Schrift. In seinem vierten Kapitel, das dem Alten Testament gewidmet ist, zitiert er, nachdem zuerst auf den Inspirationsgedanken von Artikel 11 zurückgegriffen wird, die bereits erwähnte „Formel" des Hl. Augustinus. Dabei wird der Gedanke, daß das Neue Testament im Alten verborgen und das Alte im Neuen erschlossen sei, dann weiter entfaltet, wenn auch nicht ganz im Sinne des Augustinus: „Denn wenn auch Christus in seinem Blut einen Neuen Bund gestiftet hat (vgl. Lk 22, 20; 1 Kor 11, 25), erhalten und offenbaren die Bücher des Alten Testaments, die als Ganzes in die Verkündigung des Evangeliums aufgenommen wurden, erst im Neuen Testament ihren vollen Sinn (vgl. Mt 5, 17; Lk 24, 27; Röm 16, 25–26; 2 Kor 3, 14–16), wie sie diesen wiederum beleuchten und deuten" (Vat II DV 16). Im Kontext der „pronocierten Christozentrik"[5] des Konzilstextes muß gesehen werden, daß der gute und wichtige Gedanke, daß das Neue Testament des Alten zu seinem Verstehen

ständnis an, das die Beachtung der Einheit der Schrift in die wissenschaftliche Methode der Schriftauslegung hineinnimmt; denn die Überlieferung der Gesamtkirche und die Analogie des Glaubens sind, wie Norbert Lohfink zu Recht zeigt, mehr als nur *norma negativa.*"Da sie in ihrem eigenen Kern nichts anderes sind als der eigentliche Sinn der Schrift, sind sie, je mehr die Auslegung sich von den einzelnen Schriften zur Schrift als ganzer bewegt, natürlich noch wesentlich mehr als nur *norma negativa.* Selbst von einer profanen Hermeneutik aus, welche die soziale Zuordnung von Texten und ihre Auslegungsgeschichte ernst nimmt, wäre ähnliches zu sagen gewesen"(*N. Lohfink,* a. a. O., 28). Das damit gesetzte Eingehen auf und Ausgehen von der Einheit der Schrift macht J. S. Croatto in seiner kleinen biblischen Hermeneutik deutlich, wenn er den modernen Begriff der „Intertextualität", der das *Zusammenspiel* verschiedener Texte bezeichnet, definiert als „sprachliche Entsprechung zur ‚Analogie des Glaubens'"(*J. S. Croatto,* Die Bibel gehört den Armen. Perspektiven einer befreiungstheologischen Hermeneutik [Ökumenische Existenz heute 5] München 1989, 97).

[5] *N. Füglister,* a. a. O., 153.

bedarf, weil dies es „beleuchtet" (*illuminare*) und „deutet" (*explicare*), hier wiederum der *sensus-plenior*-Frage untergeordnet wird[6]. Aber man kann das an dieser Stelle in Artikel 16 Geäußerte durchaus auch von Artikel 12 her lesen und im Sinne des von N. Lohfink dazu Erläuterten zu verstehen suchen.

Das auf dem Hintergrund von Artikel 12 zustandekommende Verstehen der Schrift (als Sinngefüge in ihrer Einheit) macht die zuvor genannte Erforschung der Aussageintention der Texte, also das, was historisch-kritische Exegese vor allem anstrebt, nicht überflüssig. Es hätte sogar fatale Folgen, wenn eine solche Auslegung der Schrift als ganzer die historisch-kritische Erforschung als überholt abstempeln würde, wie auch schon zuvor manche historisch-kritische Forscher die traditionellen Auslegungsmethoden nur zum eigenen Nachteil als überholt abgetan haben, was die reichen Früchte, die heutige kanonische oder synchron orientierte Exegese erbringt, bestätigen. Vielmehr gilt es, als Folge dieser Beobachtungen an einer zweifachen Lese- und Auslegungsart der Schrift festzuhalten, wie sie auch in der christlichen Tradition bereits festgestellt wurde (siehe oben II.) und vor allen Dingen für das Verständnis des ersten Teiles der christlichen Bibel, des Alten Testamentes, von grundlegender Bedeutung ist[7].

[6] Vgl. *N. Füglister*, a. a. O., 146.

[7] Eine solche doppelte Leseweise beseitigt auch die Schwierigkeiten, die Walter Groß zu Recht in bezug auf das Alte Testament bei der Beachtung der Einheit der Schrift anzeigt: „Vom Alten Testament her gesehen, stellt sich die Frage nach der Einheit der Schrift allerdings ungleich schwieriger und komplexer. Daß die hebräischen Bücher des Alten Testaments, die Bücher des rabbinischen Kanons, bis heute für sich und ohne jeden Bezug zum Neuen Testament der Synagoge als Heilige Schrift den Willen Gottes erschließen, ist doch wohl nicht nur als historisches, sondern auch als theologisches Faktum zu werten; diese Tatsache muß auch ein inneres Moment an der Frage der Kirche

Nun zu den praktischen Konsequenzen für den Bibelleser. Zwar hatte der Konzilstext in Artikel 12, wie oben gesehen, den Fachexegeten und seine Arbeit und die damit verbundenen Aufgaben im Blick, doch muß festgehalten werden, daß, sofern es um das *Verstehen* der Schrift geht, der Prediger, Katechet und auch einfache Bibelleser nicht von einem grundsätzlich anderen Verstehens*horizont,* beziehungsweise Zugang ausgehen darf. Dies vor allem dann nicht, wenn es, wie im vorliegenden Buch immer wieder betont, um das Verstehen der christlichen Bibel in ihrer Einheit und Ganzheit geht, und dies sich wiederum konzentriert auf den Umgang mit dem ersten und größten Teil dieser Schrift, dem Alten Testament. Folglich müssen aus dem bisher Gesagten auch Konsequenzen für den „normalen Umgang" mit der christlichen Bibel und die „Rahmenbedingungen ihrer Interpretation" gezogen werden[8]. Dabei ist vor allem festzuhalten, daß jede Bibelauslegung sich bewußt zu machen hat, „daß sie zwischen einem ‚alten' Text und einem heutigen Leser vermittelt. (...) Um sodann aber die Auslegung nicht der Beliebigkeit zu überlassen, bedarf es einer schützenden Instanz, die den (ursprünglichen) Textsinn im Kontext jeder Interpretation reklamiert. Dieser ‚Textsinn' (...) muß unbedingt durch eine separate Erhebung des ‚Rezeptionssinnes' ergänzt werden. (...) Schriftauslegung muß sich folglich in der *Korre-*

nach der Einheit der Heiligen Schrift bleiben und sollte zu behutsamen Antworten anhalten" (*W. Groß*, Einheit der Schrift?, ThQ 170, 1990, 306).

[8] Es ist in diesem Zusammenhang durchaus instruktiv die Unterscheidung von „Interpretieren" und „Benutzen" zu bedenken, die *U. Eco,* Die Grenzen der Interpretation (München 1992) im Kapitel zur „Intentio Lectoris" begründet (bes. 47 f.) und an einer Unterscheidung der „intentio auctoris" bzw. „intentio operis" gegenüber der „intentio lectoris" festmacht.

spondenz von Geschichte und Gegenwart vollziehen: Sie hat immer mit ‚mehreren Sinnen' der Schrift zu tun, und sie bleibt nur dann lebendig, wenn in ihr die *Synchronie und die Diachronie der Glaubensgeschichte* sichtbar bleiben"[9].

Diese Synchronie und Diachronie der Glaubensgeschichte (mit diesen Begriffen ist das Besondere der Glaubensgemeinschaft als aktuell existierende und als durch die Zeiten gewachsene angesprochen) wird in erster Linie und vor allem dort sichtbar, wo die aktuelle Bibelauslegung von der Besonderheit der *zweigeteilten Hl. Schrift* des Christentums ausgeht. Beim praktischen Umgang mit biblische Texten in der Vorbereitung für eine Predigt, eine Katechese, ein Bibelgespräch o.ä. bedeutet dies, daß wir zumeist bei der eingangs beschriebenen Situation einzusetzen haben, nämlich dem Faktum, daß uns Christen das Neue Testament vertrauter und bekannter ist als das Alte. Läuft auch die im vorliegenden Buch erläuterte Verstehensrichtung innerhalb der christlichen Bibel eindeutig vom Alten zum Neuen Testament, so macht doch die Eigenart des Neuen Testaments (eben kein selbständiges Buch zu sein, sondern selbst immer auf sein Fundament, das Alte Testament, zu verweisen), wenn man sie ernsthaft berücksichtigt, den Einstieg in das notwendige Verstehen der Bibel von ihrer Einheit und Ganzheit her möglich.

Der Leser des Neuen Testament wird ständig *zurückverwiesen.* Zahllose Zitate, Anspielungen, Motivaufnahmen etc. zeigen ihm den Verstehenshorizont dieser Schrift an. Wenn beispielsweise der Evangelist Matthäus

---

[9] *C. Dohmen,* Vom vielfachen Schriftsinn – Möglichkeiten und Grenzen neuerer Zugänge zu biblischen Texten, in: *Th. Sternberg* (Hg.), Neue Formen der Schriftauslegung? (QD 140)(Freiburg/Basel/Wien 1992) 65f.

seinen kurzen Hinweis auf die Flucht nach Ägypten (Mt 2, 13–15) mit dem Hosea-Zitat schließt: „Denn aus Ägypten habe ich meinen Sohn gerufen", dann wird unmittelbar einsichtig, daß es sich hier nicht um Sprachlosigkeit des Evangelisten angesichts einer geographischen Angabe handelt, die er durch ein wohlklingendes Zitat zu überbrücken sucht. Vielmehr wird durch ein Zitat ein ganzer Kontext *eingespielt*: Der Evangelist läßt zur Eröffnung seiner Christusbotschaft in der Jesusgeschichte für seinen Leser oder Hörer die ganze Exodustradition und -hoffnung der Bibel Israels aufbrechen[10]. Was hier und auf Schritt und Tritt im Neuen Testament geschieht, ist mit dem oben schon genannten literaturwisenschaftlichen Fachterminus „Intertextualität" gemeint: ein *Zusammenspiel* von Texten, bzw. das *Einspielen* von Texten, größeren Kontexten, Hintergründen, Traditionen in neue Texte[11].

Wir Christen überlesen diese Rückverweise oft aus Unkenntnis, weil wir Anspielung nicht mehr als solche erkennen, oder wir relativieren und nivellieren diese Angaben dadurch, daß wir alles ausschließlich durch die Brille der sogenannten „Erfüllungszitate" lesen, was bedeutet, daß wir alle entsprechenden Verweise – was auch immer sie beinhalten – glauben unbeachtet lassen zu können, da sie alle ja nur den einen Sinn hätten: zu zeigen, daß das, was von Jesus berichtet wird, schon im Alten Testament angesagt worden ist. Aus dem bisher Dargelegten ist aber deutlich geworden, daß wir es uns

[10] Vgl. zu diesem Hintergrund *M. Limbeck,* Matthäusevangelium (SKK-NT 1)(Stuttgart ²1986) 56; *U. Luz,* Das Evangelium nach Matthäus (EKK I/1)(Zürich/Neukirchen-Vluyn 1985) 129 sowie zu den sogenannten „Erfüllungszitaten" *F. Mußner* in Kap.III.

[11] Vgl. zur Diskussion um die „Kontexte" und ihre Funktionen *J. Barr,* Alt und Neu in der biblischen Überlieferung. Eine Studie zu den beiden Testamenten (München 1967) 137 f.

so leicht nicht machen können und dürfen, weil uns die Hl. Schrift *nur* als Einheit und Ganzheit in ihrer beschriebenen Besonderheit vorliegt.

Positiv gewendet heißt das, daß wir uns beim Lesen des Neuen Testaments von diesen *Hinweisen* wirklich leiten lassen müssen. Die erste – und sehr hilfreiche – Voraussetzung, um sich in der Praxis darauf einzulassen, ist eine Bibelausgabe, die solche *Verweise* am Rand notiert. Sodann gilt es, sich durch solche *Verweise* auch *weisen* zu lassen, indem man ihnen nachgeht, und zwar nicht nur in der Form, daß man den einen oder anderen Vers, der dort angegeben ist, kurz aufschlägt, sondern die durch solche Sätze eingespielten Kontexte einholt. Ein derartiges Einholen des gesamtbiblischen Horizonts eines biblischen Textes geschieht in der Praxis – wenn vom Neuen Testament ausgegangen wird – immer in zwei Schritten: Zuerst soll und muß der Kontext der ausgewählten neutestamentlichen Perikope betrachtet und bedacht werden. Dann ist auf dem Weg der Spuren, die der Text durch Zitate, Verweise etc. selbst legt, der alttestamentliche Verstehenshorizont miteinzubeziehen, und zwar so, daß die Kontexte, also die größeren Textzusammenhänge, der zitierten oder angespielten Sätze erfaßt werden. Erst wenn diese „Horizonte verschmelzen" kommt ein wirkliches Verstehen zustande [12].

---

[12] Bewußt wird mit dem Begriff der „Horizontverschmelzung" hier auf Hans-Georg Gadamer zurückgegriffen, weil das, was er in diesem Zusammenhang zum Verstehen sagt, für den Bezug von Altem und Neuem Testament besondere Bedeutung haben kann, wenn man einmal seine Horizonte der „Vergangenheit" und der „Gegenwart" mit dem Alten und Neuen Testament gleichsetzt: „Der Horizont der Gegenwart bildet sich also gar nicht ohne die Vergangenheit. Es gibt so wenig einen Gegenwartshorizont für sich, wie es historische Horizonte gibt, die man zu gewinnen hätte. *Vielmehr ist Verstehen immer ein Vorgang der Verschmelzung solcher vermeintlich für sich seiender Horizonte.* [...] Im Walten der Tradition findet ständig solche Ver-

Wer einen neutestamentlichen Text so aus der ganzen
Hl. Schrift heraus zu verstehen sucht und ihn dann auch
noch in ein *kritisches Gespräch* mit dem Kontext der jeweiligen Hörersituation (z. B. in Schule, Liturgie, Bibel-
arbeit etc.) bringt, der erfährt unmittelbar, daß das
lebendige Verstehen wie ein Stein – erst einmal angestoßen – auf diesem Weg ins Rollen kommt und vieles in
Bewegung bringt. Dies betont auch H. D. Preuß in seiner
Einführung „Das Alte Testament in christlicher Predigt": „Jeder Pfarrer, der bei seiner exegetischen Arbeit
der Predigtvorbereitung schon einmal genauer die Frage
nach dem Kontext des vorgeschlagenen Textabschnittes
gestellt hat, wurde bei diesem Fragen leicht immer mehr
in die Weite hineingeführt (unmittelbarer Kontext,
nächstgrößere Einheit, Untersammlung, Buch, Kanon);
er mußte schauen, welcher Redaktionsschicht er sich an-
vertrauen wollte, welche Überlieferungsstufe des Textes in dessen Zusammenhang er eigentlich predigen
solle, müsse oder dürfe. Er wird oft gemerkt haben, daß
die Entscheidung darüber von seinem eigenen Kontext,
von der Situation der Gemeinde abhängig wurde und
von dem bei ihr erstrebten Neuverstehen. Damit aber
folgt er genau den Intentionen derer, die den Einzeltext
den verschiedenen Sammlungen einfügten"[13]. Das Beachten dieser Kontexte, der des Textes wie auch der seiner Hörer, führt unmittelbar zur Einsicht in den
„ekklesialen Charakter der Schrift", den F. Mussner in
seiner Darlegung der Hermeneutik des II. Vatikanums

schmelzung statt. Denn dort wächst Altes und Neues immer wieder
zu lebendiger Geltung zusammen, ohne daß sich überhaupt das eine
oder andere ausdrücklich voneinander abhebt." *H.-G. Gadamer,*
Wahrheit und Methode. Grundzüge einer philosophischen Hermeneutik, Tübingen [4]1975, 289 f.
[13] *H. D. Preuss,* Das Alte Testament in christlicher Predigt (Stuttgart
u. a. 1984) 18.

präzise charakterisiert, wenn er aus der Einsicht in die soziologische Verortung der biblischen Überlieferung ('Sitz im Leben' der Gemeinschaft Israels beziehungsweise der Urkirche) folgert, „daß die Schrift selbst schon 'heilige Überlieferung' ist und deshalb nicht ohne Blick auf die Tradition, die im selben Schoße ihren Quellgrund hat, verstanden und ausgelegt werden kann. Die Überlieferung, akzentuiert durch das kirchliche Lehramt, ist selbst schon ein Auslegungskanon (regula fidei), von dem nicht abgesehen werden kann, wenn es zum rechten Verstehen der Schrift kommen soll"[14].

Aber diese Perspektive entsteht nicht nur aus der Notwendigkeit des rechten Verstehens der Schrift, sondern die Glaubensgemeinschaft, die Kirche selbst *drängt* gerade zur Schrift: „Die Kirche ringt mit der Aufgabe, ständig die in der Schrift geoffenbarte Wahrheit Gottes zu erkennen, während sie gleichzeitig mitten in einer vollkommen menschlichen kirchlichen Tradition steht, die das Wort überliefert"[15]. Nicht nur die Biblische Theologie, sondern jeder, der sich – an welchem Ort in der Kirche auch immer – um ein Verstehen der Einheit der ganzen Bibel müht, nimmt an der „fortdauernden *Suche* der Kirche nach der christlichen Bibel"[16] teil. So können wir uns als Christen bewußt werden, daß wir Teil einer Gemeinschaft sind, die eine *Geschichte* hat, die vor den Ursprung des Christentums zurückgeht, und in einer *Gegenwart* besteht, die von dem bestimmt ist, was der „doppelte Ausgang der Bibel Israels"[17] hervorgebracht

[14] *F. Mussner*, Geschichte der Hermeneutik. Von Schleiermacher bis zur gegenwart CHDG I 302) (Freiburg/Basel/Wien §1976) 32.

[15] *B. S. Childs*, Biblische Theologie und christlicher Kanon, JBTh 3, 1988, 27.

[16] Ebd.

[17] Vgl. zum Problem *K. Koch*, Der doppelte Ausgang des Alten Testaments in Judentum und Christentum, JBTh 6, 1991, 215–242; zu den

hat. Diese synchrone und diachrone Erstreckung der Glaubensgemeinschaft [18] lassen wir Christen am deutlichsten sichtbar werden, wenn wir uns der „ganzen Wahrheit" unserer *zweigeteilten christlichen Bibel* stellen und im beschriebenen Sinn „mit nicht geringerer Sorgfalt auf den Inhalt *und* die Einheit der ganzen Schrift achten" (Vat II DV 12).

daraus erwachsenden Neuansätzen für die christliche Theologie wären hier zahlreiche Arbeiten vor allem von *R. Rendtorff* zu nennen, statt vieler Einzeltitel sei hier auf seinen gewichtigen Sammelband „Kanon und Theologie. Vorarbeiten zu einer Theologie des Alten Testaments (Neukirchen-Vluyn 1991)" verwiesen.

[18] Vgl *J. Ratzinger*, Vorwort, in: *ders.* (Hg.), Schriftauslegung im Widerstreit (QD 117) (Freiburg/Basel/Wien 1989) 9.

Ausgewählte Literatur

D. L. Baker, Two Testaments, One Bible, Leicester 1976.

P. F. Barton, Das Alte Testament und die Kirchengeschichte. Marginalien zu einem unerschöpflichen Thema, in: Zur Aktualität des Alten Testaments (FS G. Sauer) Frankfurt u. a. 1992, 145–154.

J. Barr, Alt und Neu in der biblischen Überlieferung. Eine Studie zu den beiden Testamenten, München 1967.

P. Beauchamp, L'un et l'autre Testament. Essai de lecture, Paris 1976.

E. Brocke, Von den „Schriften" zum „Alten Testament" – und zurück? Jüdische Fragen zur christlichen Suche nach einer „Mitte der Schrift", in: Die Hebräische Bibel und ihre zweifache Nachgeschichte (FS R. Rendtorff) Neukirchen-Vluyn 1990, 581–594.

H. Frhr. von Campenhausen, Die Entstehung der christlichen Bibel, Tübingen 1968.

B. S. Childs, Die Bedeutung des jüdischen Kanons in der alttestamentlichen Theologie, in: M. Klopfenstein (Hg.) (s.u.) 269–281.

– Biblische Theologie und christlicher Kanon, JBTh 3, 1988, 13–27.

– Die Bedeutung der Hebräischen Bibel für die biblische Theologie, ThZ 48, 1992, 382–390.

– Biblical Theology of the Old and New Testaments. Theological Reflection on the Christian Bible, London 1992.

J. Coppens, Les Harmonies des deux Testaments (CNRT VI) Tournai / Paris 1949.

J. Dantine, Das Verhältnis der beiden Testamente in der neueren Dogmatik, in: Zur Aktualität des Alten Testaments (FS G. Sauer) Frankfurt 1992, 229–239.

L. Distel, Geschichte des Alten Testaments in der christlichen Kirche, Leipzig 1981 (= Jena 1869).

C. Dohmen, Gesamtbiblische Theologie. Wissenschaftiche Diskussion und pastorale Notwendigkeit einer christlichen Grundfrage, Pastoralblatt 41, 1989, 354–361.

– Altes Testament neu gelesen? Die Erforschung des Alten Testaments in der katholischen Theologie der nachkonziliaren Zeit, in: H. W. Seidel, (s.u.) 11–28.

C. Dohmen/M. Oeming, Biblischer Kanon, warum und wozu? Eine Kanontheologie (QD 137) Freiburg/Basel/Wien 1992.

E. Earle Ellis, The Old Testament in Early Christianity (WUNT 54) Tübingen 1991.

H. Flothkötter/B. Nacke (Hg.), Das Judentum – Eine Wurzel des Christlichen. Neue Perspektiven des Miteinanders, Würzburg 1990.

N. Füglister, Vom Mut zur ganzen Schrift. Zur vorgesehenen Eliminierung der sogenannten Fluchpsalmen aus dem römischen Brevier, StdZ 184, 1969, 186–200.

– Das Alte Testament – Wort Gottes an uns. Die Konzilskonstitution „Dei Verbum" und das Alte Testament, in: Uni trinoque Domino (FS K. Berg) Thaur 1989, 139–160.

A. H. J. Gunneweg, Vom Verstehen des Alten Testaments. Eine Hermeneutik (ATD Ergänzungsreihe 5) Göttingen ²1988.

H. Haag, Das Plus des Alten Testaments, in: ders., Das Buch des Bundes, Düsseldorf 1980, 289–305.

M. L. Henry, Der jüdische Bruder und seine Hebräische Bibel. Anfragen an den christlichen Leser des Alten Testaments, Neukirchen-Vluyn 1988.

M. Heymel, Warum gehört die Hebräische Bibel in den christlichen Kanon? BThZ 7, 1990, 2–20.

P. Höffken, Anmerkungen zum Thema biblische Theologie, in: Altes Testament und christliche Verkündigung (FS A. H. J. Gunneweg) Stuttgart u. a. 1987, 13–29.

T. Holtz, Das Alte Testament und das Bekenntnis der frühen Gemeinde zu Jesus Christus, in: Christus bezeugen (FS W. Trilling) Freiburg/Basel/Wien 1990, 55–66.

H. Hübner, Gottes Ich und Israel. Zum Schriftgebrauch des Paulus in Röm 9–11, Göttingen 1984.

– Biblische Theologie des Neuen Testaments (Bd. 1: Prolegomena) Göttingen 1990.

Jahrbuch für Biblische Theologie 1, 1986: Einheit und Vielfalt biblischer Theologie; 2, 1987: Der eine Gott der beiden Testamente; 3, 1988: Zum Problem des biblischen Kanons; 4, 1989: „Gesetz" als Thema biblischer Theologie; 5, 1990: Schöpfung und Neuschöpfung; 6, 1991: Altes Testament und christlicher Glaube; 7, 1992: Volk Gottes, Gemeinde und Gesellschaft.

O. Kaiser, Die Bedeutung des Alten Testaments für den christlichen Glauben, ZThK 86, 1989, 1–17.

H. Karpp, Das Alte Testament in der Geschichte der Kirche. Seine Geltung und seine Wirkung, Berlin 1989.

– Schrift, Geist und Wort Gottes. Geltung und Wirkung der Bibel in der Geschichte der Kirche, Darmstadt 1992.

Y. Kaufmann, Christianity and Judaism. Two Covenants, Jerusalem 1988.

M. Klopfenstein u. a. (Hg.), Mitte der Schrift? Ein jüdisch-christliches Gespräch, Bern u. a. 1987.

O. W. Knoch, Die Katholiken und die Bibel. Ein Gang durch die Geschichte, ThpQ 136, 1988, 239–251.

D.-A. Koch, Die Schrift als Zeuge des Evangeliums. Untersuchungen zur Verwendung und zum Verständnis der Schrift bei Paulus, Tübingen 1986.

– „... bezeugt durch das Gesetz und die Propheten" Zur Funktion der Schrift bei Paulus, in: H. H. Schmid/J. Mehlhausen (s.u.) 169–179.

K. Koch, Rezeptionsgeschichte als notwendige Voraussetzung einer biblischen Theologie – oder: Protestantische Verlegenheit angesichts der Geschichtlichkeit des Kanons, in: H. H. Schmid/J. Mehlhausen (s.u.) 143–155.

– Der doppelte Ausgang des Alten Testamentes in Judentum und Christentum, JBTh 6, 1991, 215–242.

H. J. Kraus, Rückkehr zu Israel. Beiträge zum christlich-jüdischen Dialog, Neukirchen-Vluyn 1991.

J. Kremer, Umkämpftes Ja zur Bibelwissenschaft. Überlegungen zu einem Grundanliegen der Konzilskonstitution über die Offenbarung, StdZ 211, 1993, 75–94.

R. Kühschelm, Deuterojesaja und seine Rezeption im NT, BiLi 60, 1987, 36–42.

K. Lehmann, Das Alte Testament in seiner Bedeutung für Leben und Lehre der Kirche heute, TThZ 98, 1989, 161–170.

J. D. Levenson, Warum Juden sich nicht für biblische Theologie interessieren, EvTh 51, 1991, 402–430.

M. Limbeck, Wer Israels Glauben nicht kennt. Die folgenschwere Vernachlässigung des Alten Testaments in der kirchlichen Verkündigung, in: Dynamik im Wort. Lehre von der Bibel – Leben aus der Bibel, Stuttgart 1983, 297–312.

N. Lohfink, Bibelauslegung im Wandel. Ein Exeget ortet seine Wissenschaft, Frankfurt 1967.

– Bücherei und Buch zugleich. Die Einheit der Bibel und die neueren deutschen Übersetzungen, in: ders., Das Jüdische am Christentum. Die verlorene Dimension, Freiburg-Basel-Wien 1987, 217–234.267 f.

– Das Alte Testament christlich ausgelegt. Eine Reflexion im Anschluß an die Osternacht, Freising 1988.

– Der niemals gekündigte Bund. Exegetische Gedanken zum christlich-jüdischen Dialog, Freiburg-Basel-Wien 1989.

O. Merk, Gesamtbiblische Theologie. Zum Fortgang der Diskussion in den 80er Jahren, VuF 33, 1988, 19–40.

O. Michel, Paulus und seine Bibel, Darmstadt ²1974.

F. Mildenberger, Biblische Dogmatik. Eine biblische Theologie in dogmatischer Perspektive (Bd. 1: Prolegomena: Verstehen und Geltung der Bibel) Stuttgart u. a. 1991.

F. *Mußner*, Traktat über die Juden, München 1979.

– Die Kraft der Wurzel. Judentum – Jesus – Kirche, Freiburg-Basel-Wien 1987.

– Dieses Geschlecht wird nicht vergehen. Judentum und Kirche, Freiburg-Basel-Wien 1991.

J. *Niewiadowski*, Die Sorge um die ganze Bibel. Augustinuns' Bemühen um den biblischen Gott des Zorns, BiLi 59, 1986, 238–246.

M. *Oberweis*, Beobachtungen zum AT-Gebrauch in der matthäischen Kindheitsgeschichte, NTS 35, 1989, 131–149.

M. *Oeming*, Gesamtbiblische Theologie in der Gegenwart. Das Verhältnis von AT und NT in der hermeneutischen Diskussion seit Gerhard von Rad, Stuttgart u. a. [2]1987.

– Biblische Theologie – Was folgt daraus für die Auslegung des AT?, EvErz 37, 1985, 233–243.

J. *Oesterreicher*, Unter dem Bogen des einen Bundes – Das Volk Gottes: Seine Zweigestalt und Einheit, Theol. Berichte 3, Zürich 1974, 27–69.

P. *von der Osten-Sacken*, Vom Gottesvolk zu den Gottesvölkern? Zum neuen Lesen der alten Texte, in: Gottesvolk. Beiträge zu einem Thema biblischer Theologie (FS S. Wagner) Berlin 1991.

M. *Peek-Horn*, Warum haftet eigentlich dem Alten Tetament ein Makel des Uneigentlichen an, Religionsunterricht an höheren Schulen 34, 1991, 227–232.

H. D. *Preuss*, Vom Verlust des Alten Testaments und seinen Folgen (dargestellt anhand der Theologie und Predigt F. D. Schleiermachers) in: Lebendiger Umgang mit Schrift und Bekenntnis (hg.v. J. Track) Stuttgart 1980, 127–160.

– Das Alte Testament in christlicher Predigt, Stuttgart u. a. 1984.

R. *Rendtorff*, Wege zu einem gemeinsamen jüdisch-christlichen Umgang mit dem Alten Testament, EvTh 51, 1991, 431–444.

– Kanon und Theologie. Vorarbeiten zu einer Theologie des Alten Testaments, Neukirchen-Vluyn 1991.

H. *Graf Reventlow*, Hauptprobleme der alttestamentlichen Theologie im 20. Jahrhundert (EdF 173) Darmstadt 1982.

– Hauptprobleme der biblischen Theologie im 20. Jahrhundert (EdF 203) Darmstadt 1983.

– Zur Theologie des Alten Testaments, ThRu 52, 1987, 221–267.

H. *Ringgren*, Luke's Use of the Old Testament, HTR 79, 1986, 227–235.

J. A. *Sanders*, From Sacred Story to Sacred Text, Philadelphia 1987.

G. *Sauer*, Die Messias-Erwartung nach Mt 21 in ihrem Rückbezug auf das Alte Testament als Frage an die Methode einer biblischen Theologie, in: Altes Testament und christliche Verkündigung (FS A. H. J. Gunneweg) Stuttgart u. a. 1987, 81–94.

J. Scharbert, Die biblische Theologie auf der Suche nach ihrem Wesen und ihrer Methode, MThZ 40, 1989, 7–26.

R. Schelander, Der Streit um das Alte Testament im christichen Religionsunterricht. Ein Beitrag zur Geschichte der Religionspädagogik, in: Zur Aktualität des Alten Testaments (FS G. Sauer) Frankfurt 1992, 305–315.

H. H. Schmid/J. Mehlhausen (Hg.), Sola Scriptura. Das reformatorische Schriftprinzip in der säkularen Welt, Gütersloh 1991.

W. H. Schmidt, Ansätze zum Verstehen des Alten Testaments, EvTh 47, 1987, 436–459.

H. C. Schmidt-Lauber, Verchristlichung der Psalmen durch das Gloria Patri?, in: Aktualität des Alten Testaments (FS G. Sauer) Frankfurt 1992, 317–329.

W. Schmithals, Der Konflikt zwischen Kirche und Synagoge in neutestamentlicher Zeit, in: Altes Testament und christliche Verkündigung (FS A. H. J. Gunneweg) Stuttgart u. a., 1987, 366–384.

J. Schreiner, Das Verhältnis des Alten Testaments zum Neuen Testament, in: ders., Segen für die Völker, Würzburg 1987, 392–407.

F. Schröger, Der Verfasser des Hebräerbriefes als Schriftausleger, Regensburg 1968.

K. Schwarzwäller, Das Verhältnis Altes Testament – Neues Testament im Lichte der gegenwärtigen Bestimmungen, EvTh 29, 1969, 281–307.

H. Seebass, Der Gott der ganzen Bibel. Biblische Theologie zur Orientierung im Glauben, Freiburg-Basel-Wien 1982.

H. W. Seidel, Die Erforschung des Alten Testaments in der katholischen Theologie seit der Jahrhundertwende (BBB 86) Frankfurt 1993.

P. Stuhlmacher, Vom Verstehen des Neuen Testaments. Eine Hermeneutik (NTD Ergänzungsreihe 6) Göttingen 1979.

S. Talmon, Juden und Christen im Gespräch, Neukirchen-Vluyn 1992.

C. Thoma, Theologische Beziehungen zwischen Christentum und Judentum, Darmstadt ²1989.

S. Wagner, Zur Frage nach der Möglichkeit einer biblischen Theologie, ThLZ 113, 1988, 162–170.

C. Westermann (Hg.), Probleme alttestamentlicher Hermeneutik. Aufsätze zum Verstehen des Alten Testaments (ThBü 11) München 1963.

J. Willebrands, Die Einheit zwischen Altem und Neuem Bund, MThZ 38, 1987, 295–310.

E. Zenger, Das Erste Testament. Die Jüdische Bibel und die Christen, Düsseldorf 1991.

Bibelstellenregister

Altes Testament		Psalmen	
		2,7	89
Genesis		8	96
1–3	21 f.	16, 8–12(LXX)	93 ff.
14, 17–20	89	18, 5(LXX)	80 ff.
		34, 8(LXX)	83
Exodus		68, 21	114
19–40	21 f.	68, 23(LXX)	80.82.84
20	22	76, 2	107
20, 20	52	78	106
32	107	78, 5	107
34	22	81, 9–12	106
		106, 48	120
Numeri		110	89.95 ff.
25, 1	105	114, 1	107
Deuteronomium		*Kohelet*	
4, 2	32	3, 14	32
13, 1	32		
26, 5–9	67	*Jesaja*	
29, 3	84	1	24
34	32.34	2	24
		6	37 f.84
Josua		7, 14	90
1, 7 f.	29	29, 10	84
		40, 3	90
Richter		40, 7 ff.	66
6, 25–32	105	45	114
		53, 4	90
2 Samuel		62, 11	91
7, 14	89	65, 1–3	106